中国古代大政治家的治国智慧

◎ 马平安 著

居正摄政
尊主庇民与治体用刚

中国文史出版社

图书在版编目（CIP）数据

居正摄政：尊主庇民与治体用刚 / 马平安著 . --
北京：中国文史出版社，2021.12
　（中国古代大政治家的治国智慧）
　ISBN 978-7-5205-3157-3

　Ⅰ . ①居… Ⅱ . ①马… Ⅲ . ①张居正（1525-1582）—生平事迹
Ⅳ . ① K827=48

　中国版本图书馆 CIP 数据核字 (2021) 第 181859 号

责任编辑：窦忠如

出版发行：中国文史出版社

社　　　址：北京市海淀区西八里庄路 69 号院　　邮编：100142
电　　　话：010-81136606　81136602　81136603（发行部）
传　　　真：010-81136655
印　　　装：廊坊市海涛印刷有限公司
经　　　销：全国新华书店
开　　　本：787×960　1/32
印　　　张：9
字　　　数：161 千字
版　　　次：2022 年 9 月北京第 1 版
印　　　次：2022 年 9 月第 1 次印刷
定　　　价：52.00 元

作者简介

马平安，1964年生，河南卢氏人，历史学博士，中国社会科学院近代史研究所研究员、中国社会科学院大学教授。出版著作《晚清变局下的中央与地方关系》《近代东北移民研究》《北洋集团与晚清政局》《中国政治史大纲》《中国传统政治的基因》《中国近代政治得失》《走向大一统》《传统士人的家国天下》《黄帝文化与中华文明》《孔子之学与中国文化》等30余部，发表文章50余篇。

总　序　治理国家需要以史为鉴

世上任何事情的出现，都是一种因缘关系在起作用的结果。

这套即将问世的政治家与中国传统国家治理智慧的小丛书，即是本人对中国传统政治与文化多年学习与思考后水到渠成的一种自然的结果。

从宏观上来看，国家的治理是一项十分复杂的系统工程。但如果将这一复杂性和系统性作抽象的归类，其基本内容则主要只有两项，也就是《管子·版法解》中所说的"治之本二：一曰人，二曰事"。这其中，人才是关系国家兴衰的第一要素，所以《管子·牧民》篇又说："天下不患无臣，患无君以使之；天子不患无财，患无人以分之。"历史上，政治家对国家制度的探讨、官员的任用、民众的管理、财政的开发、外交的谋划、各种突发事件的应对及处理，等等，无不是对国家治理经验的丰富与积淀，而由这些内容所形成的政治文化，就成为中华民族文化中极其重要的组成部分。

中外古今大量历史经验表明，一个国家和民族的存在与发展，最根本的依赖是文化，以及由文化而产生出来的文化精神。民族的文化精神是一个国家和民族赖以生存和发展的支柱，是一个国家和民族的脊梁，代表着一个国家和民族的精气神。离开了文化和文化精神的支撑，该国家或民族的存在便无以为继。从周公到康熙皇帝，他们都是在中国乃至中华民族发展历史上作出了巨大贡献的杰出人物，他们缔造的政治制度、所展现的政治智慧，都成为中国文化精髓中的重要组成部分，对中华民族的传承与发展有着不可替代的支撑作用。

中国古人懂得总结历史经验教训的重要性，应该是从黄帝时代就开始了，但有明确文字记载的，则要从周人说起。

周人对历史经验的总结、回顾，从文王时代就已经有了明确的记载。《诗经·大雅·荡》篇引文王所说的"殷鉴不远，在夏后之世"，就是周文王针对殷纣王不借鉴也不重视夏后氏被商汤灭亡的教训所发出的叹惜。朱熹在其《诗集传》中说："殷鉴在夏，盖为文王叹纣之辞。然周鉴之在殷，亦可知矣。"文王一方面为殷纣王而叹惜，另一方面也以历史的经验教训作为周人的戒鉴。

殷商灭亡后，周武王、周公以及其他一些有为的周王和辅政大臣更是常常总结夏殷两代人的经验教训。这可以分成两个方面，一方面是对夏殷两代成功统治经验的总结以供学习、效法；另一方面是对夏殷两代执政者的罪过、错误和失败教训的总结以供戒惕。这种模式，可以说是开了中国人史鉴意识的先河。

　　周人思维的特征之一就是习惯以古观今，拿历史来借鉴、说明、指导现实以照亮未来前进的方向。周初统治者即是这种思维特征的代表人物。周公治理国家，不仅总结了夏殷两代失败的历史教训，而且还总结了夏殷先王成功的历史经验，并对这些经验予以高度的赞扬和汲取，从而开创了中国历史上的封建政治制度与建立了家国一体的文化意识。从《周易》《尚书》《诗经》《周礼》《仪礼》等若干先秦文献中，都可以看到周人具有的这种浓郁的史鉴意识。这种文化意识，深深地影响了中国人的文化与心理。

　　在现实生活中，我们在欣赏画作时，都知道每幅作品中藏着一个画魂，这个"魂魄"，往往代表了这幅画境界的高低与价值的大小。

　　以史观画，史学的作品，又何尝不是如此呢？

　　本丛书之"魂"，即是"传统国家治理的经验与教训"。这是一条古代政治家治理国家所汇集而成的波浪滔天、奔流不息的历史长河，在这条奔腾前行的河面上不时迸溅出交相辉映、绚丽夺目的朵朵浪花。

　　这也是一条关于中国古代治理智慧的珍珠玛瑙链，是对古代政治家治国理政智慧和务实政治原则的浓缩，是对古代统治者及关注政治与民生的政治思想家们勇猛精进所创造历史的经验教训的一种总结。

　　纵观中国古代治理史，夏、商、周三代，周公对国家的治理最具有代表性，他封邦建国，创建宗法制度、礼乐文化，以德治国，注重史鉴，对中国传统政治文化价值体系的形成和发展，有着独特的贡献。春秋时期，孔子对国家治理的思考与探索亦堪称典型。他把政治的实施过程看作是一个道德化的过程，十分强调执政者自己在政治实践中以身作则的表率作用，主张"礼治""德治""中庸"，十分强调统治者在治国理政中富民、使民、教民的重要性。战国时期，商鞅改革的成就史无前例。商鞅最重视国家的"公信力"，他主张用法治手段将国民全部集中于"农战"的轨道，"法""权""信"构成了他的治国三宝。在商鞅富国强兵政策的基础上，秦王嬴政实现了国家的统一。秦始皇所开创的中华帝制、郡县制，所拓展的疆域，进一步奠定了中华民族发展的基础。楚汉战争胜利后，刘邦建汉。作为一个务实且高瞻远瞩的政治家，他更具有史鉴意识，采用"拿来主义"，调和与扬弃周秦政治，他的伟大之处在于实行"秦果汉收"，兼采周公与秦始皇治国理政的长处，从而较好地解决了先秦中国政治遗产的继承和发展问题。汉武帝是继周公、孔子、秦始皇、汉高祖之后又一具有雄才大略的不世之主。他治国理政兼用王霸之道，在意识形态上采取文化专制主义，尊崇儒术，重视中央集权以及皇权的建设。三国两晋南北朝时期，因为分裂与战乱，这一时期鲜有在国家治理方面高水平的大政治家，其间尽管有曹操的挟天子以令诸侯、在北方开辟屯田；诸葛亮治理西蜀与西南地区，但皆无法与统一强大王朝的治理体系与能力相媲美。唐宋时代，唐太宗、宋太祖对国家的治理堪为后世示范。唐太宗的三省制衡机制、宋太祖对文官制度的重视与建设都很有特色。北宋后期有王安石变法，但这种努力以失败而告终，非但没有能够挽救北宋王朝，相反倒十足加剧了北宋的动荡与灭亡。明代中后期，统治者一直在寻找振兴之路，其中以张居正新政最具代表性。张居正治国理政所推行的考成法与一条鞭法，为后来治国者的治吏与增加财政收入提供了经验教训。清朝前期，康熙皇帝用理学治国，用各民族团结代替战国以来的"长城线"边防思维，今天中国五十六个民族、幅员辽阔的疆域领土、大国的自信，等等，都是那个时候奠定的。康乾盛世是中国古代五大盛世中成就最高的盛世，康熙皇帝治国理政的经验教训值得总结。

从历史上看，历代帝王圣贤皆重视治国理政、安民惠民，这是经济义理之学所以能成为中国传统文化核心特征的一大重要因素。

笔者以为，在追求学问之路上，大致可以分为四重境界来涵养：

第一重境界，专业之学。也可以称为职业之学，是人们讨生活、养家庭，生存于天地、社会间必具的一门专业学问。只要努力与坚持，人人可为，尽管会有程度高低不同。

第二重境界，为己之学。也可以说是兴趣之学、爱好之学、养基之学。对于这种学问，没有功利，不为虚名，只为爱好而为之。

第三重境界，立心之学。在尽可能走尽天下路、阅尽阁中书，充分汲取天地人文精华的基础上，立志尽己之能为人间留--点正能量的东西，哪怕是炳烛、萤火之光。

第四重境界，治国平天下之学。这种学问在实践上有诸多苛刻条件的限制，无职无位无权者很难走得更远；在理论上也需要有远大抱负、超凡脱俗之人来建树。做这种学问的目的，在于"为万世开太平"，为民族为国家之繁荣富强，为民众之安康福祉，生命不息，追求不已。

从格局上看，古人读书写作多非专职，由兴趣爱好适意为之，因为不是为了"衣食"，故以"为己"之学为多，其旨意亦多追求"立德立功立言"，在著作上讲究"经济义理考据辞章"。窃以为，古人眼中的"经济"，远不是今人所说的"经济"。"经"者，经邦治国；"济"者，济世安民也。经邦治国，济世安民才是古人心中的"经济"之学。"义理"是追求真理，为世人立心，替生民立命。"考据"重在材料在学术研究中的选择及运用。"辞章"则是重视文采的斑斓与华丽。对"经济""义理"的向往和追求是国人的动力，是第一位的。孔子曰："言而无文，行之不远。"此"文"说的就是"经济""义理"。"考据"需要勤奋、细心、谨慎、坚持就可以做到。"辞章"则往往与人的天赋与性格关系很大，千人千面，很多不是通过努力就能达到的。姚鼐在《述庵文钞·序》上说："余尝论学问之事，有三端焉，曰：义理也，考证也，文章也。"章学诚在《文史通义·说林》中说："义理存乎识，辞章存乎才，征实存乎学。"今天，如何学习与继承中国古人优良的著述传统，在生活实践中树立"修齐治平""家国天下""立德立功立言"三不朽意识，将"经济义理考据辞章"融会贯通，目前还有很多值得努力的地方。

从学术角度言，一部好的史学作品，离不开对史料的抉择与作者论述的到位。资料的充实、可靠，作品的立意高格、布局得体是形成一部好作品的必要条件，尤其是资料是否充实、可靠更是研究工作的基础。很明显，本丛书的立意布局都需要充实的资料来讲话。不幸的是，中国虽然是一个历史大国，然而扫去历史的尘埃，一旦进入相关领域认真搜寻探究，就会发现，史料的不足与缺乏成为制约史学作品完善与深入的瓶颈。从现有资料看，研究周公治国主要有《周易》《今古文尚书》《周礼》《仪礼》等；商鞅有《商君书》、出土的文物、《史记》等，孔子有五经、《论语》等；秦始皇有《史记》中的《秦始皇本纪》《秦本纪》，以及一些出土的秦简、文物等；汉高祖、汉武帝有《史记》《汉书》及汉人留下的一些著作；唐太宗有《贞观政要》《新唐书》《旧唐书》等；宋太祖有《宋史》《续资治通鉴长编》《续资治通鉴》等；王安石有《王安石全集》《宋史》《续资治通鉴长编》等；张居正有《张太岳集》《明史》《明实录》等；康熙皇帝有《康熙政要》《清史稿》《康熙起居注》《清实录》等，可作为参考。但说实话，这些资料仍然很不够，一句话，资料的缺乏与不足影响了本丛书认识与探索的空间，这也是美中不足、无何奈何的事情。

此外，史学作品要求一切根据资料讲话的特点，也决定了其风格只能是如绘画中的工笔或白描，而不能采用写意的手法，随意挥洒，这也影响了作品的表达形式。

本丛书是为人民大众服务的，首先，需要风格活泼、生动、有趣味，文字通俗、流畅、易懂、可读；其次，力求作品的学术性、严肃性与准确性。也许，只有在坚持学术性、严肃性与准确性的前提下，把学究式的文风变成人民大众喜闻乐见的文风，才能收到更广泛的社会效应。但我深知，很多地方还远远没有做到。"路漫漫其修远兮，吾将上下而求索。"大众学术一直是笔者努力的方向。

目前，中国正在进行伟大的变革，如何推进国家治理体系和治理能力现代化，这既是全面深化改革的热点，更是一个难点问题。在中国这样一个具有悠久历史和文化传统的国度里，我们必须遵循中华民族自身的发展规律，循序渐进地向前迈进。

习近平总书记指出："一个国家选择什么样的国家制度和国家治理体系，是由这个国家的历史文化、社会性质、经济发展水平决定的。"这提醒我们，中国的发展道路具有中国自身特色，实现中国国家治理现代化，离不开中国历史传承和文化传统，离不开中国经济社会发展水平，离不开中国人民自己的选择。

历史与文化是"民族的血脉，是人民的精神家园"，历史不能割断，实现中国国家治理现代化，需要中国"历史传承和文化传统"，源于"古"而成就于"今"，从中国古代的政治实践中汲取有益的营养，努力探寻传统文化的现代转化，为构建当今和谐社会提供借鉴，这是本丛书问世的目的所在。

希望这套小丛书能够多少帮助到对中国古代政治史感兴趣的人们！

作者 2020 年底于京城海淀

目　录

附　录 · *259*

前　言　精于谋国　社稷之勋

在明王朝国家治理的历史上，张居正是一个不能忽视的政治人物。

张居正曾经说过："夫世必有非常之人，然后有非常之事，有非常之事，然后有非常之功。"[①] 这话是张居正说给别人听的，但从某种程度而言，亦未尝不可以将此看作是他对自己的勉励之语。

诚然，人类社会上的事情全是由人自己来完成的，但人又分三六九等，不同能力、不同愿望的人，做成的事情自然也就不同。普通人只能做普通的事情。只有非常之人，才能完成千载流传需要历史传承的大事情。

张居正，就是这样一个把握了历史机遇的"非常之人"。

作为一位有远见的政治家，面对明朝中期日益凸显的经

① （明）张居正著，张嗣修，张懋修等编撰：《张太岳集》中，书牍，卷2，《答蓟镇抚院王鉴川论蓟边五患》，中国书店 2019 年版，第 37 页。

济、政治与社会危机，张居正力图挽狂澜于既倒。更重要的是，他能够在改革中，始终坚持安民固本的原则。

一般而言，在中国传统政治时代，"安民固本"不过是一种政治理想而已，统治者常常将此挂在嘴边，但真正能够认真践行的却是寥寥无几。但张居正居然做到了，原因其实很简单，他是一个知行合一的人。

张居正认为，民是天下的根本，国家施政应当着重维护民众的利益，只有大多数"民"的生活安定，国家才能安定。他说："自古虽极治之时，不能无夷狄、盗贼之患，唯百姓安乐，家给人足，则虽有外患，而邦本深固，自可无虞。唯是百姓愁苦思乱，民不聊生，然后夷狄、盗贼乘之而起。"①可见在他看来，民生才是治理的根本，"根本固者，华实必茂；源流深者，光澜必章"②。在此思想基础上，张居正提出了"固邦本"的政治主张。

张居正确实道出了中国数千年王朝兴亡的基本规律：民安则国安，民乱则国乱，民反则国亡。民众才是决定政治兴衰、改朝换代的主人。所谓"固邦本"，就是要切实解决好民生问题。

---

① （明）张居正著，张嗣修，张懋修等编撰：《张太岳集》上，奏疏，卷1，《陈六事疏》，第6页。

② （明）张居正著，张嗣修，张懋修等编撰：《张太岳集》下，文集，卷9，《翰林院读书说》，第259页。

张居正说："致理之要，惟在于安民；安民之道，在察其疾苦而已。"① 治国理政的要害，莫过于使民安定；使民安定的要处，则在于体察与解决他们的疾苦。为此，张居正执政后，先后采取了一系列措施，运用强大行政手段改善民众生计问题，缓解已处于剑拔弩张的社会矛盾。

张居正力主实行省征发、轻关市，以利农商的发展经济政策。他说："古之为国者，使商通有无，农力本穑。商不得通有无以利农，则农病，农不得力本穑以资商，则商病，故农商之势常若权衡。"这里，张居正对农业与商业之间的互辅互利、相互依托的关系认识得既清楚又透彻，眼光之犀利为管仲以后所仅有。他进一步指出："故余以为，欲物力不屈，则莫若省征发以厚农而资商；欲民用不困，则莫若轻关市以厚商而利农。"② 张居正商农并重的经济思想，在以重农抑商为传统的中国农本社会里，不能不说是一种真知灼见。

在张居正以前，虽然也有人提出"重商"的理论，但他们始终没走出商是末富的理论。只有张居正才真正用国家政权的力量，恢复了"商"本该应有的地位。因为他的影响力，新兴的工商业者才得到了应有的尊重。

---

① （明）张居正著，张嗣修，张懋修等编撰：《张太岳集》上，奏疏，卷11，《请蠲积逋以安民生疏》，第240页。

② （明）张居正著，张嗣修，张懋修等编撰：《张太岳集》下，文集，卷2，《赠水部周汉浦榷竣还朝序》，第103页。

明王朝是中国商业发生质变的时代，从某种意义上讲，这种质变又是从张居正开始的。正是在张居正"商农并重经济思想"的影响下，黄宗羲才明确地提出了"工商皆本论"。

除了通过改善管理机制和发展农商经济来解决财政危机之外，如何严格控制政府庞杂的支出与浪费，也是张居正在新政中亟待解决的难题。只有在"开源"的同时，抓好"节流"的环节，才能使经济的振兴不至于落空，财政的丰收不流于枉费，从而收到富国裕民的良好效果。张居正主张从生产的主体——民的负担入手，通过节约各项费用，减轻民的负担，以达到固本的目的。皇室的耗费和国防费用的支出，是政府当时两项巨大的财政用项。对于皇室奢靡的用度，由于张居正加强了内阁的权力，对其有所限制。诸多开销，经其"锱铢必争"，能省则省，减即减。明穆宗隆庆五六年间，皇室抚赏所费，即由原来每年百余万两，减至不足万两，而年节赐宴费用，也由于张居正的力争而罢停。宗藩封王之俸禄，历来世袭，至嘉靖末，始重定条例，大加裁损，以减少国家支费。万历六年（1578年），经张居正再次纂定守藩条例，停止封爵世袭，汰除冗费颇多。万历五年（1577年）五月，皇太后要求翻整修葺慈庆、慈宁两宫，张居正认为此乃耗费不急之务，予以驳回。太监崔敏请买金珠，张居正予以严辞拒绝。至万历九年（1581年），国家财政状况已基本好转，张居正奏请明神宗将隆庆元年（1567年）到万历七年（1579年）各省未完滞征钱粮100余万石，兵工二部马价、粮价等项悉数蠲免，以减轻民众的负担。由此可见，张居正力倡节俭的主要目的，即在于一为国家节财用，二为国家固邦本。他曾意味深长地说过："与其设法征求，索之于有限之数以病民，孰若加意省俭，取之于自足之中以厚下乎？"张居正再三告诫那些当权者要"轸念民穷，加惠邦本，于凡不急工程，无益征办，一切停免"，"上下唯务清心省事，安静不扰"。只有这样，才可使"庶民生可遂，而邦本获宁也"。①

从一定意义上讲，张居正无愧是一个大政治家，他的成功之处不仅在于他能将工商放在与农同等重要的地位，而且他也确实以自己的能力与权力将"固邦本"的观念落实到了新政具体的实践之中，这种"知行合一"在明代，除了王阳明外，只有张居正可以做到。

张居正并没有将目光仅仅停留在减轻民众的负担、重视生产的发展、增加国家财政收入上面。他深深地懂得要使明王朝统治延续下去，首要在于安宁民心。这就涉及对官吏的整顿以及对豪强地主的打击。

张居正秉政之时，正值大乱之势成，"上失其道，民散于下，贪吏虐政，又从而驱迫之"，一旦堤防溃决，"虽有智者，无如之何矣"②。基于这样的认识，他主张运用强硬手

---

① （明）张居正著，张嗣修，张懋修等编撰：《张太岳集》上，奏疏，卷1，《陈六事疏》，第6、7页。

② （明）张居正著，张嗣修，张懋修等编撰：《张太岳集》下，文集，卷12，《杂著》，第304页。

段更改颓势，"强公室，杜私门，省议论，核名实"①，提出"治体用刚"，主张"矫枉过正"，加强中央集权。

传统儒术讲求用中、用和，张居正则认为，"当大过之时，为大过之事，未免有刚过之病。然不如是，不足以定倾而安国"。伊尹、周公正是"当大过之时，为大过之事"，因此才能使"商、周之业，赖之以存"。由此观之，"虽刚，而不失为中也"②。"高皇帝（朱元璋）以神武定天下，其治主于威强。"③ 张居正治国，推行"考成法"，"布大公，彰大信，修明祖宗法度，开众正之路，杜群枉之门，一切以尊主庇民、振举颓废为务"，使"权珰贵戚，奉法遵令，俯首帖耳而不敢肆，狨夷强虏，献琛修贡，蹶角稽首而惟恐后"④。他的治理措施，对于挽救官场颓势，稳定社会秩序不无益处。

在当时天怒人怨的情况下，张居正力倡节俭，"轸念民穷"，敢于夺取既得利益集团的利益，冒险地拿豪强地主开刀，清理田赋，打击豪右，不惜牺牲一些地主阶级的既得利益，通过"因民立政""为政以法"来约束统治阶级，维护民

---

① （明）张居正著，张嗣修，张懋修等编撰：《张太岳集》中，书牍，卷5，《与李太扑渐庵论治体》，第114页。

② （明）张居正著，张嗣修，张懋修等编撰：《张太岳集》中，书牍，卷8，《答奉常陆五台论治体用刚》，第159页。

③ （明）张居正著，张嗣修，张懋修等编撰：《张太岳集》下，文集，卷12，《杂著》，第306页。

④ （明）张居正著，张嗣修，张懋修等编撰：《张太岳集》中，书牍，卷8，《答奉常陆五台论治体用刚》，第159页。

众利益，以此赢得民众对政府的支持。在这以前，统治者的
"崇本"常常是句空话，只有张居正才把"崇本"落到了实
处，并将之发展到了一个新的高度，这也是张居正不同于一
般传统政治家的独特之处。

张居正执政期间，"通识时变，勇于任事"，以其缜密而
有远见卓识的谋略和果敢魄力，"起衰振隳"[1]，通过一系列
的政治经济军事改革，暂时解决了明王朝积重难返的一系列
老大难问题，对社会和历史作出了巨大贡献，使得明王朝"中
外乂安，海内殷阜，纪纲法度，莫不修明"[2]，一度出现中兴
气象。张居正的改革，就那个时代看，是非常成功的，改革
也达到了富国强兵的目的。每一场改革，无不涉及各种利益
关系的重新分配和调整，可谓牵一发而动全身。与北宋王安
石变法相比，张居正改革所引发的社会震动并不剧烈，改革
也在平稳有序中进行，改革的效果也很快就显现出来。政治
上，在没有增加官员、衙门和政府开支的情况下，"考成法"
使政令更具体划一，各衙门办事效率更为提高。在军事上有
力地扫除了明中期以来虏患日深、边事久废的局面，南倭北
虏得以平息。在经济上，通过丈量田粮与一条鞭法，极大地
增加了国库收入，与隆庆年间相比，国家多增收了三百多万
亩田亩税和三百多万人口税，将过去财政收入连年亏损发展

---

① （清）张廷玉等撰：《明史》卷213《张居正传》，第5653页。
② （清）张廷玉等撰：《明史》卷213《张居正传》，第5652页。

到绰有剩余。在没有加重百姓负担的状况下做到这一步确实功不可没。

今天，从全球化视野回顾张居正改革，我们仍然不得不承认，他的新政虽然不能解决明王朝当时面临的所有问题，但形成了一个万历中兴的极好时机，如果按照张居正改革的道路继续坚持深入走下去，不仅有可能扭转明中期以来所形成的种种颓势，而且甚至可以在国势强大的基础上与世界发展潮流齐头并进，使传统中国缓慢但不停息地向资本主义社会迈步。可惜的是，人亡政息在中国历史上是常有的事情，张居正刚死，明神宗就下令剥夺张居正生前所有的官秩，亦抄没其家产，张居正改革的进程也就从此中断。

这是明王朝的悲哀！

是世界大变局开端时代中国的悲哀！

当然也是张居正的悲哀！

但不管怎样说，作为一个伟大的政治家，无论就其施政能力，抑或是改革所取得的成就来看，张居正都无愧列于"古今第一流人物"的门墙。

第一章　明初中期的中枢运作

　　在中国古代史上，君主专制政体始终是历代王朝基本的政治制度。为了加强以皇权为核心的中央集权，历代皇帝不断调整中枢权力机构，由秦汉的丞相府、太尉府、御史府进而发展成为隋唐五代的中书省、门下省、尚书省，到两宋时期，丞相权力继续削弱，形成"二府三司制"的制衡体制，而元代只设中书省，到明王朝时，明太祖朱元璋干脆连中书省也撤掉，强行宣布永远废除丞相制度，使相沿千年之久的中央权能机构出现了重大的变化，从而在历史上造成了深远的影响。由废丞相而引发殿阁学士备皇帝顾问，进而演变而成的明代内阁制度，正是这一皇帝独裁政策发展到一定阶段的产物。因此，明代内阁制度的出现不是偶然的，它与历代最高统治者在政治制度上不断压抑相权以尊君权的总趋势相符合，是长期以来相权和皇权矛盾斗争，皇权取得对相权彻底胜利的结果，也是朱元璋要大权独揽，而又无法不任用辅臣行政的结果。明代内阁制度是明代中枢政治运作的核心，有着自己鲜明的特点，欲了解明代中枢的运作，明了张居正改革成功的奥秘，就不能不知道明代内阁制度的变化与发展的基本情况。

一、明朝初期的集权方略

从历史上看，皇权与相权的矛盾是中国古代君主专制体制中最主要的一对矛盾。

从法理上讲，专制之意就是将权力授予一人的一种治国方式，即国家的一切大事均由君主一人裁决。但是国家之大，事情之多不是凭专制君主一人的精力来日理万机就能够解决了的，于是便有了"助理万机"的宰相的设置。但从一开始，皇帝和宰相在分权的概念上即是模糊的，虽也有权相将皇帝置于傀儡地位的事实，如秦二世统治时期，但从总的发展趋势上看，皇权是朝着扩大并膨胀的方向发展的，相权则一步步缩小。

中国历史上君主与丞相的权力之争，到明代朱元璋时终以君权的绝对胜利而告终，其标志就是丞相制度的废除与内阁制度的设立。

与前代相比，明朝中央政权机构，总体上是围绕着加强皇权，加强中央对全国各级行政机构的控制而设置、演变的。

明王朝建立初期，沿用元制，在中央设中书省，由左、右丞相统率百官，总理政务。明初成立的中书省机构庞大，品级高，职权重。有左、右丞相，均正一品。平章政事，从一品。左、右丞，正二品。参知政事，从二品等高级官员，"率以勋臣领其事"。作为职能办事人员的，有左司、右司、郎中、中书舍人等。六部是中书省的下属机构，总掌地方军政刑狱的行中书省，亦直属中书省。中书省的职权是"综理机务"，所有给皇帝的奏报，都要"先白中书省"；一切以皇帝名义发出的诏令、谕旨，也都经中书省再下达。对这样一个中央机构的重要性，朱元璋有着充分的认识。他曾一再强调："国家之事，总之者中书，分理者六部，至为要职。"①敕谕中书省臣"卿等任居宰辅，其振举大纲以率百僚，赞朕为治"②。"中书，法度之本，百司之所禀承。凡朝廷命令政教，皆由斯出"③。在给左、右丞相的诰中，朱元璋也强调"冢宰之职，出纳王命……进退庶职，亦为重要"④。

但是，这样一个权重震主的最高权力机构，与历代在政治制度上不断压抑相权以尊君权的总趋势是相抵牾的，也是追求大权独揽的朱元璋所忌讳的。果然不久，明太祖朱元璋

---

① （清）龙文彬撰：《明会要》卷31，中华书局1656年版，第499页。

② （明）朱元璋：《洪武御制全书》，张德信、毛佩琦主编，黄山书社1995年版，第416页。

③ （明）朱元璋：《洪武御制全书》，第633页。

④ （明）朱元璋撰，胡士萼点校：《明太祖集》卷4，黄山书社1991年版，第59页。

就认为丞相权势过重，是导致权臣专权乱政的重要因素。于是，在强调中书省职责重要的同时，朱元璋又指出"人君不能躬览庶政，故大臣得以专权自恣"[①]；秦亡是由于设了丞相，"臣张君之威福"[②]。在明王朝渡过统治危机政局稍稳后，朱元璋便开始对中书省严密防范，寻找机会将其撤裁。

朱元璋的集权措施主要表现在：

第一，全面控制中书省的日常运作。在《高皇帝宝训》中，有对中书省一系列的敕谕，其内容涉及天象，议律，免地方秋粮，诛户部主事、知县，赏赐军士，整理甲胄，外交，袭封衍圣公，大祀礼，赈济孤老，访求卜士，召用官员等等，即包括了军、政、外交、人事、刑律、文教、财政等各个方面。在《谕秦王府文武官》中，明太祖朱元璋还特别指出"其中书省草茅行移是致错朕旨意，难为听命者，今后如敕施行"。

第二，不断调换中书省的人选，裁削中书省官员的权力。洪武三年（1370年），朱元璋令平章政事李伯升、李思齐，右丞王溥"食禄不署事"[③]，把参知政事睢稼改为弘文馆学士，借故杀了左丞杨宪。洪武四年（1371年），对左丞相李善长

---

① 《明太祖实录》卷59。

② 《明太祖集》卷10，《敕问文学之士》，第202页。

③ 王世贞，吕浩校点:《弇山堂别集》卷46,《中书省表》上海古籍出版社2017年版，第1127页。

以"其年既高，驱驰侍立，朕心不忍"为借口，下诏让他致仕，把这位年仅五十八岁，功勋显著，威望甚高的开国元勋轻易地排挤出了中书省。洪武九年（1376 年），朱元璋又汰平章政事、参知政事，把冯冕改为刑部尚书，陈宁改为左御史大夫，右丞丁玉改为右御史大夫，而把左、右丞汪广洋、胡惟庸分别调为丞相。洪武十二年（1379 年），任左丞的殷哲，不到一年便受命致仕。通过一系列调整，中书省主要官员很难久居其位，也很难安居其位。

第三，切断中书省与六部及地方行政机构之间的联系。朱元璋把行省改为上承下宣的布政使司，以去掉中书省对地方的统属关系。在中央则全方位加以钳制中书省的权力。洪武十年（1377 年），朱元璋"诏臣民言事者，实封达御前"①；成立通政司，使四方奏疏可不经中书省而上达；命李善长等"总中书省、大都督府、御史台，同议军国大事"②，即借元勋重臣压制中书省。洪武十一年（1378 年），"命奏事毋关白中书省"③，以切断中书省与六部各司的联系。至此，中书省除了和皇帝联系外，已是完全孤立了。

第四，废丞相。在完成了上述诸项措施后，洪武十二年（1379 年），朱元璋借胡惟庸"生杀黜陟，或不奏径行"④、汪

---

① （清）张廷玉等撰：《明史》卷 2，《太祖本纪二》，第 31 页。
② （清）张廷玉等撰：《明史》卷 127，《李善长传》，第 3771 页。
③ （清）张廷玉等撰：《明史》卷 2，《太祖本纪二》，第 33 页。
④ （清）张廷玉等撰：《明史》卷 308，《胡惟庸传》，第 7906 页。

广洋"浮沉守位"等罪名，先贬、杀汪广洋，然后在洪武十三年（1380年），以谋反罪又杀胡惟庸，株连竟达三万余人，然后"特诏天下罢中书省，广都府，升六部"，使"权不专于一司，事不留于壅蔽"①。即提高六部官秩职权，改大都督府为五军都督府，均直属皇帝，从制度上终止了已存在一千五百多年的丞相制度，实现了朱元璋独揽最高军政大权的权力欲望。朱元璋的这一措施，解决了君权与相权之间的矛盾，进一步强化了以皇权为代表的中央集权。

洪武二十八年（1395年），朱元璋诏谕："我朝罢相，设五府、六部、都察院、通政司、大理寺等衙门，分理天下庶务，彼此颉颃不敢相压，事皆朝廷总之，所以稳当。以后嗣君并不许立丞相，臣下敢有奏请设立者，文武群臣即时劾奏，处以重刑。"②在《皇明祖训》首章中，他亦书明"以后子孙做皇帝时，并不许立丞相"。还将祖训"立为家法"，"后世敢有言更改祖法者，即以奸臣论，无赦。"

事实说明，朱元璋的种种措施，无一不是为了防止和消除统治集团内部可能发生的夺权的隐患，使中央政权达到空前的强大。他的集权政策及其措施，也确实是有效地防止了历史上时有发生的相权对皇权的威胁、外戚专权、藩镇跋扈。中央集权确实达到了空前的强大。明初，政令下达，官员如臂使指，当

---

① 《明太祖实录》卷129。
② 《明太祖实录》卷239。

"朝廷遣一介之使召之"时，都是"拱手听命，无敢后时"①。
在此基础上，明中叶以后，虽然有些皇帝往往长期不上朝，而
国家机器仍得以继续运转；嘉靖、万历年间，实际上是代行着
皇权的内阁首辅严嵩、张居正，并不敢有问鼎之心；权势薰天，
被称为"站的皇帝""九千岁"的刘瑾、魏忠贤，也都只"能为
乱而不能为变"，均足以说明这一点。

撤中书省之初，朱元璋对"政皆独断"颇为得意，但事
隔不久，他就发现单凭君主一人之力很难应付堆积如山的各
种政务文海。

据给事中张元辅统计，洪武十七年（1384 年）九月十四至
二十一日，"内外诸司奏札凡一千六百六十计三千三百九十一
事②。朱元璋即使"昧爽临朝，日晏忘餐"还是招架不了，他
不得不承认，"人主以一身统御天下，不可无辅臣"，"密勿论
思，不可无人"，因此于洪武十三年（1380 年）九月，朱元璋
决定设春夏秋冬辅官，以王本、杜佑、赵民望、吴源等人兼
任。职责是帮助皇帝覆核司法、人事等工作，与皇帝"讲论治
道"，个别参与研究皇帝提出的一些大政问题。四辅官兼太子
宾客，位列公侯都督之下，六部尚书之上。朱元璋要求他们
"德和天人，均调四时"，"辅朕以掌民命"，"心常格神，行

---

① （明）万表编：《皇明经济文录》卷 1《万言书》，辽海出版社 2009 年版，
第 10 页。

② 《明太祖实录》卷 165。

常履道，佐理赞化，以安生民"①。但是，为了确保他们不能威胁皇权，朱元璋只选用那些善属文，勤慎好学，"起田家，惇朴无他长"②的硕学老儒。这些人缺乏政治经验，精力不足而处事迂腐不决，以致起不到"佐理"的实际作用。在失望之余，朱元璋"遂废不复置"③。四辅官的设置时间很短，是一次失败的尝试。

四辅官制失败后，洪武十四年（1381年），朱元璋先后下令，命司法部门改判案件及各部门之奏章，均由翰林院"会议""考驳"，认为"平允"才奏闻，"署其衔曰：'翰林院兼平驳诸司文章事某官某'，列名书之"④。即将"生杀大事主于词臣"⑤。

洪武十五年（1382年），朱元璋设文渊阁、武英殿、文华殿等五殿阁大学士，秩正五品，侍从左右，以备顾问，协助处理政务公文。这些大学士于宫内殿阁办公，亦称内阁学士。内阁学士"不置官属，不得专制诸司"⑥，并无独立裁决行政事务的权力，只是皇帝的助理、秘书班子。这种情况，在《华盖殿大学士刘仲质诰文》中说得很是清楚。诰文先说

---

① 《明太祖实录》卷133。

② 《明史》卷137，《安然传》，第3945页。

③ 查继佐：《罪惟录》卷1，《帝纪》。

④ 《明史》卷73，《职官志二》，第1787页。

⑤ （明）沈德符撰：《万历野获编》卷10，《翰林权重》，中华书局1959年版，第251页。

⑥ 《明史》卷72，《职官志一》，第1733页。

"朕阅宋书，见尚文之美"，然后说"今特效宋制，以诸殿阁之名，礼今之儒，必欲近侍之有补，民同宋乐，文并欧、苏"，可见殿阁之臣只要执笔为文，便是无忝斯职。这点，从朱元璋所用殿阁学士的特长也可以窥见一二。刘仲质是翰林典籍，校正过《春秋本末》，"博通经史，文体典确"。其余殿阁学士，吴伯宗是检讨，有文才，"帝制十题命赋，援笔立就"。吴沉是典籍，曾受命编《精诚录》并撰序。宋讷是翰林学士，因受命撰《宣庙圣碑》称旨而入阁。即他们都是"以文字翰墨为勋绩"的文学侍从之臣。同时，朱元璋还征召了"明经老成"的鲍恂、余诠、张长年为文华殿大学士，只因这些人"皆以老疾固辞"才放还。这时的殿阁学士都是正五品，"不过侍左右、备顾问而已"①，具体任务是核阅公文，协助文墨工作，对于政事并无参与。可见，洪武年间，虽有殿阁之臣，还并无内阁之实，阁臣也不过是皇帝的笔杆子或者文字顾问而已。

永乐时，内阁成员的素质、职能，比洪武时相比有了显著的变化。朱棣以藩王身份夺得帝位后，面对复杂动荡的政局，迅速选拔了职位卑微，但年轻、精干，忠于自己的解缙、黄淮、杨士奇、胡广、金幼孜、杨荣、胡俨七人"并直文渊阁"，开内阁于东阁门内，把各种机要事务、奏章文书，全都

---

① 　（清）赵翼撰：《陔余丛考》卷 26，中华书局 1963 年版，第 529 页。

集中到内阁拟办。并把他们一再提升为侍读、侍讲等职，让他们"朝夕左右"，参与有关征战、防边、立储、用人、征调、蠲免赋役等军国大政的商讨，"机密重务悉预闻"①，开了殿阁之臣参与军国大事的先例。

对于上述殿阁之臣，朱棣十分信任与倚重，不仅整日让他们伴随左右，参与机要，甚至"帝就寝，犹赐坐榻前语"②。对于他们的家人，朱棣也极尽笼络之能事，让皇后在柔仪殿接见、慰劳七人之命妇，赐给五品冠服。永乐二年（1404年），朱棣又让他们兼职辅导太子。立春日，赐给他们每人一袭金织文绮衣，"与尚书埒"，并肯定他们"勤劳助益，不在尚书下"，鼓励他们"尽心职任"，做到"君臣各尽其道"③。对他们的"从容献纳"，亦"尝虚己以听"④。永乐五年（1407年），鉴于胡广考满被调出，朱棣特意知照吏部："（胡）广等侍朕日久，继今考满，勿改外任。"⑤从此阁臣不外调便成为惯例，而阁臣设置遂成为常制，人员也相对稳定下来。

永乐七年（1409年）以后，明成祖朱棣一再北征、北巡，这时殿阁之臣只剩下五人，仍命杨荣、胡广、金幼孜扈从北上，参与运筹帷幄，而让杨士奇、黄淮辅太子监国。这些事

---

① 《明史》卷147，《解缙、黄淮传》，第4123页。
② 《明史》卷147，《解缙、黄淮传》，第4123页。
③ （明）余继登撰：《典故纪闻》卷5，中华书局1981年版，第91页。
④ 《明史》卷147，《解缙、黄淮传》，第4121页。
⑤ 《明太宗实录》卷73。

实，都足以说明成祖朱棣确是把他们作为"耳目心腹"来信任与倚重的。朱棣曾说："天下事，咸朕与若等同计，非若六卿之分理也。"① 这是符合事实的。以后，又先后进升他们为翰林学士、文渊阁大学士或左春坊大学士。胡广去世时，谥文穆，开了文臣得谥号的先例。明成祖朱棣在榆木川去世时，也是由杨荣"讣京师，幼孜护梓宫归"②。而太子则命杨荣"与蹇义、杨士奇议诸所宜行者"③。这一切，都是洪武时殿阁学士所无法翘望的。

不过，尽管如此，碍于祖制，终永乐一朝，内阁诸臣也始终只是五品官，只戴翰林之衔，仍没有正式的官称。阁臣设置虽已成为常制，但内阁并非一个稳定的行政机构，它没有法定的地位，没有衙署，没有印信，人员数额不固定，"不置官属"，"不得专制诸司，诸司奏事亦不得相关白"④，既没有下属，与政府各部门亦无联系，甚至在太宗、仁宗两朝实录中，连"内阁"这个名称都没有。他们只是在文渊阁值班，起草诰敕，献计献策，没有任何裁决政务或发布指示的权力。这与"军国事皆倚办""数奉命兼理他部事"的蹇义，和"帝北巡，命兼摄行在礼部、兵部、都察院事""帝北征，

---

① 任继愈主编，（明）程敏政编：《中华传世文选·明文衡》，吉林人民出版社1998年版，第790页。

② 《明史》卷147，《金幼孜传》，第4126页。

③ 《明史》卷148，《杨荣传》，第4140页。

④ 《明史》卷72，《职官一》，第1733页。

辅太孙留守北京，总行在九卿事"①的户部尚书夏原吉等之权势，是根本无法比拟的。这种情况，直到洪熙、宣德以后才有了比较实质性的变化。

二、内阁权力上升与变化

从明仁宗朱高炽开始，内阁情况有了重大变化。

明成祖朱棣碍于自己是篡位称帝，不得不打着遵祖制的旗号，不敢打破洪武时朱元璋对中枢运作所设计的框架，提升殿阁学士的职别品级。但明仁宗朱高炽不同，他和殿阁之臣不仅有师傅之恩，更是共过患难，杨士奇、黄淮、杨溥都因为他而坐过牢，所以他"时时于宫中念诸臣"，还曾对蹇义、杨士奇说："朕监国二十年，谗慝交构，心之艰危，吾三人共之"②，说到动情处，甚至三人相对而泣。因此他刚即帝位，马上就加杨荣太常卿、金幼孜户部右侍郎、杨士奇礼部左侍郎、黄淮通政使，全都兼大学士，即他们全部晋为三品，有正式官衔并领双薪。但是，他们还只是"掌内制，不预所升职务"③，即不承担六部职务的具体工作，也不能以六部的名

---

① 《明史》卷149，《蹇义传》《夏原吉传》，第4148页、第4151页。

② （明）李贽撰：《续藏书》卷10，《太师杨文贞公》，中华书局1974年版，第558页。

③ 《明仁宗实录》卷2。

义发布指令。自此以后，大学士所兼的六部职务，都只是荣衔并加一份俸禄，即使偶有负责部事，也都是候代性质，并不是常设的最高权力职能机构。这种情况直到隆庆时，才开始有所改变。

永乐二十二年（1424年）九月，明仁宗朱高炽在加蹇义少傅同时，把杨士奇、杨荣、金幼孜也分别加少傅、少保。这样，位次于蹇义的杨士奇也是从一品，而杨荣、金幼孜则与六部尚书并列为正二品。殿阁之臣从此挤进了前朝专为勋臣而设的公卿行列。明仁宗还让他们有事时，用赐给的"绳愆纠谬"印"密疏以闻"①。十月，命三法司"今后审决重囚，必会三学士同审"②，开了三法司会同内阁审录重囚的先例。十一月，明仁宗亲自在他们和夏原吉的诰词中，写上"勿谓崇高而难入，勿以有所从违而或怠"③，鼓励他们大胆进言。接着进杨士奇少傅，位于少保、户部尚书夏原吉之上。紧接着杨荣、杨士奇、黄淮、金幼孜分别担任工、兵、户、礼部尚书，都是"三俸并支，仍掌内制"④。从此以后，"虽居内阁，官必以尚书为尊"。此时，殿阁之臣"品位尊崇"，俸禄、地位均在尚书之上。明仁宗又赐杨士奇玺书，"杨贞一印"，

---

① （清）谷应泰撰：《明史纪事本末》卷26，中华书局2015年版，第395页。
② 《明仁宗实录》卷6。
③ 《明史》卷147，《金幼孜传》，第4127页。
④ 《明仁宗实录》卷10。

甚至在召见时命中官给笔札杨士奇马上起草蠲恤诏，立即下发，然后才通知六部，可见对他的信任已超过尚书。但是，即使如此，殿阁之臣行事仍然受到一些限制。例如，尚书李庆提出要把散给军伍剩下的马交由朝觐官领养，杨士奇加以反对，皇帝同意他的看法，但等到陕西按察使陈智上疏反对时，皇帝才让杨士奇草敕施行，以免造成杨士奇与官员们的矛盾。明仁宗甚至对杨士奇解释说："继今令有不便，惟密与朕言。"[①] 同时，明仁宗还建弘文阁，命杨溥掌阁事，并亲自授给阁印，约定"有所建白，封识以进"。明仁宗临终前，顾命大臣除塞义外，就是杨士奇、杨荣、黄淮。

明仁宗居位日浅，即位不满一年就遽然离世，在他身后即位的是明宣宗朱瞻基。明宣宗在位期间，继续重用阁臣。宣宗即位，罢弘文阁，命太常卿、翰林学士杨溥与杨士奇等"同治内阁事"[②]，这是《明实录》中第一次出现"内阁"一词，但这时指的仍是文渊阁。宣德元年（1426 年），升东宫官张瑛为左侍郎兼华盖殿大学士，"直文渊阁"[③]，这是《明实录》中对"直文渊阁"的首次记载。明宣宗征汉王朱高煦、巡边，均由塞义、夏原吉、"三杨"（杨士奇、杨荣、杨溥）扈从，后来内阁只剩下金幼孜和"三杨"时，则四人全部扈从。宣德六年

---

① 《明史纪事本末》卷 28，《仁宣致治》，第 418 页。
② 《明宣宗实录》卷 6。
③ 《明宣宗实录》卷 15。

（1431 年），金幼孜去世，"三杨"中只有年轻的杨溥正常辅政，直到明英宗正统五年（1440 年）马愉、曹鼐入阁，这种情况才有所改变。可见明宣宗时内阁仍是无专职、无定员。

宣宗去世时，太子才九岁，"浮言籍籍"，全赖"三杨""定大谋，安宗社"①，在易位时稳定了政局，所以明英宗正统初期，太皇太后推心委任"三杨"，所有事均令内阁议决，阻止王振干政，于是内阁成了中枢决策系统中最高、最重要的一环。这时新入阁的虽然仍是讲读官，阁臣也并不都是大学士，但殿阁大学士开始成了阁臣的专称。

宣德以后，内阁地位逐渐重要起来，内阁制度初步形成。这不仅体现在阁臣品位尊崇、得到信用，而且表现在掌握票拟大权上面，这是内阁拥有实权的关键所在。

票拟，也叫票旨、条旨，实际上就是草拟的谕令。永乐、洪熙时，"批答出自御笔，未尝任之他人"，"宣庙时，始令内阁杨士奇辈及尚书兼詹事蹇义、夏原吉丁凡中外章奏，许用小票墨书，贴各疏面以进，谓之条旨"②。即代拟好"御批"的稿本，贴在奏章面上同时上呈，供皇帝采用。这时它不是阁臣的专利，但蹇、夏见皇帝的机会较少，而且"短于才"，所以票拟基本上成了杨士奇等人的专事，而且所拟范围亦扩大到"凡上之达下"的诏、诰、制、册文、谕、书、符、

---

① （明）陈建著：《皇明通纪》宣德十年，中华书局 2008 年版，第 594 页。
② （明）陈建著：《皇明通纪》弘治十三年，第 1011 页。

令、檄，均由阁臣"起草进画，以下之诸司"；"下之达上"的题、奏、表、讲章、书状、文册、揭帖、制对、露布、译，亦统由阁臣"审署申覆而修画焉，平允乃行之"[①]。这就使阁臣直接掌握了处理国家政事的大权。正统时，蹇、夏相继去世，票拟便由"三杨"专掌。自此以后，票拟成为定制，属于内阁专职。"各衙门奏章皆送阁下票旨"[②]，这样，事权所在，六部有事不得不向内阁关白请示，明太祖、明成祖时"内阁不得专制诸司，诸司奏事亦不得相关白"的禁令开始被打破，阁权重于部权的局面开始形成。正统七年（1442 年）八月二十六日，英宗以杨士奇、杨溥为"辅相元老"[③]，赐给诰命，这是皇帝称阁臣为"辅相"的开始。

由上可见，从明仁宗到明英宗这段时期，内阁制度有了很大的发展与变化，从"大学士以太子经师恩屡加至三孤，望益尊"，而进为"宣宗内柄无大小，悉下大学士杨士奇等参可否"[④]；正统时"纶言批答，裁决机宜，悉由票拟"[⑤]。"内阁""入直文渊阁"在《明实录》中正式出现，以及制敕、诰敕房的设置，文渊阁成了阁臣办公之地等，均可见内阁此时已初步形成。当然，也只是初步而已。

---

① 《明史》卷 72，《职官志一》，第 1732 页。
② 何良俊：《四友斋丛说》卷 73。
③ 《明英宗实录》卷 95。
④ 《明史》卷 72，《职官志一》，第 1729 页。
⑤ 《明史》卷 109，《宰辅年表一》，第 3305 页。

从天顺年间开始，内阁制度又有了新的变化。天顺元年（1457 年），明英宗朱祁镇先后命徐有贞、李贤"掌文渊阁事"，这"掌"已不是"入直"，而是负责，它开了首辅制度的先河。明英宗信任李贤，而李贤"有所荐，必先与吏兵二部论定之"①。这样，内阁与六部关系进一步密切，但内阁仍属翰林院。天顺二年（1458 年），李贤建议修订《诸司职掌》，提的是"由本院（翰林院）委官数员"参与这工作，而不是用内阁名义。

明宪宗朱见深时，内阁仍"专掌制敕文书，又任辅导之职，与闻国政"②，但由于皇帝不上朝，"凡四方章奏，不召内阁大臣裁决，惟付之左右内臣"③，所以阁臣除了争取到一度撤西厂外，对辅政并未起到什么太大的作用。但是，成化十三年（1477 年）诏京官十年一考察时，令"翰林院会内阁自核其官属"④。这样，继内阁与部院间行文制度化后，内阁与翰林院再次拉开了 点距离。

明孝宗朱佑樘弘治时，礼部尚书丘浚入阁，在内宴时位于吏部尚书王恕之上，这就开了尚书入阁和阁臣班列六部之上的先例。但是，这时国家一切重大军政问题，均"遣左右近

---

① 《明史》卷 176，《李贤传》，第 4673 页。
② 《明宪宗实录》卷 24。
③ 《明宪宗实录》卷 99。
④ （明）薛应旂撰：《宪章录校注》卷 35，凤凰出版社 2014 年版，第 478 页。

习宣谕区处"，"近来批本，学士在阁下者，只闻内臣传说，不得面陈所见"①，内阁并未受到重视。明孝宗时期内阁情况之变化，仅在于两点，一是把诰敕与制敕分开，从此直到明末，阁臣只管制敕，阁臣票拟文书亦要"自行书封密进，不许令人代写"②。另一是开始了阁臣的廷推制度，李东阳、谢迁的入阁，就是由九卿与科道推举后，由皇帝点用的。此后阁臣也有奉特旨入阁的，明世宗也一再强调"阁臣拣择自君心，本非推举之例"，但廷推已成了入阁的主要途径，万历时张四维、张位先后入阁未经廷推，首辅张居正、申时行都因此受到攻击。

明武宗朱厚照正德一朝，政权完全落到太监手中，内阁虽然一直保有三四人，并有"内阁、翰林院春坊等衙门"③的提法，反映内阁已取得了衙门地位，较迟入阁的费宏还提出"内阁之设，政本所关……比之他官，最为华要"④，把内阁与过去的中书省等同，但实际上内阁所起作用甚微。

内阁制度进展较快并最终确定，是在嘉靖、万历时期，其情况大致可以表述为：

第一，内阁等同于中书省；首辅、次辅区分明显；首辅

---

① 《明孝宗实录》卷16、11。
② （明）沈德符撰：《万历野获编》补遗卷二，中华书局1959年版，第825页。
③ 《明武宗实录》卷51。
④ 《明武宗实录》卷82。

代表政府，专权如丞相。随着内阁制度的逐渐形成，阁权亦慢慢演化，成化、弘治年间，已有廷臣在指斥宦官揽权时，提出"内阁之官，乃相职也"[1]，"我朝之有内阁，犹前代之有中书省"，要求归政权于内阁。名武宗濒危时，谓"以朕意达皇太后，天下事重，其与内阁辅臣议处之"。于是司礼监官以太后命，至内阁与大学士杨廷和等议立继君，确定后，入白太后取旨。这时吏部尚书王琼"排挞门入，厉声曰：'此岂小事，而我九卿顾不预闻耶'众不答，其意乃沮。"[2]可见内阁实在六部之上。

最早明确地把内阁与中书省等同起来的皇帝是明世宗朱厚熜。

明世宗即位之初，吸取正德时宦官擅权乱政的教训，归权于内阁，肯定"内阁典司政本"[3]，称杨廷和为"朝廷元臣"，听从他们的意见，对权宦给予一些惩处。这时"三辅鼎承，百辟风偃"[4]，政局出现一些新气象。但是，在"议大礼"中，明世宗与杨廷和等阁臣发生矛盾，接着明世宗又听信内臣崔文、刁永等的摆布，在宫内斋醮，遣使到江南督织造，于是"辅臣失参赞之职，近习起干政之渐"[5]。皇帝有意

---

① 《明宪宗实录》卷 57。

② 胡丹辑考：《明代宦官史料》卷七，凤凰出版社 2014 年版，第 1362 页。

③ 《明世宗宝训》卷 6。

④ 王世贞：《嘉靖以来首辅传·序》。

⑤ 《明世宗实录》卷 10。

压抑杨廷和等，对他们"貌隆情疏""召对不闻"，"诸凡票拟，中多更定"，以至杨廷和等阁臣从"累日俱避位"①，发展至相继辞职离去。但是，明世宗对宦官始终有顾忌，明白要实行有效的统治，维护自己的权力，必须有内阁的支持，所以他亲信议礼之臣。嘉靖六年（1527年），张璁入阁，直接论奏"今之内阁，宰相职也"，并提出"责之（内阁）以择九卿"②的试探，即让内阁有与丞相一样选用九卿大臣之权。明世宗对此并不予反驳，这是继嘉靖二年（1523年）对杨廷和说"内阁典司政本"后，又一次承认了内阁等同于中书省的地位。明世宗甚至称还不是首辅的张璁为"辅弼重臣"，这和明宣宗称杨士奇为"良臣"相比，其重大变化是显而易见的。以后，杨一清、张璁先后任首辅，都专权，科道官等提出"臣下于权当分而不当专"，"票旨之事……毋专一人以丛其势"③。但明世宗对群臣的意见并不表态支持，这是对首辅可以专权的默许。于是首辅、次辅、群辅之分日见明显，如"初，李时为首辅，夏言次之，鼎臣又次之"④。虽说首辅主笔票拟，次辅共同商决，但实际上夏言、严嵩、张居正居任首辅时，其他辅臣只能"唯唯"，直到后来明熹宗朱由校天启年间，阉党要夺权，才改为由辅臣分任票拟。

①　《明世宗实录》卷22。
②　《明世宗实录》卷81。
③　《明世宗实录》卷128。
④　《明史》卷193，《顾鼎臣传》，第5115页。

正德时，梁储开始的"首辅复逊居于次"，到这时已成了制度。如张孚敬罢，李时为首辅，张孚敬复入，李时降为次辅，张孚敬复出，李时再任首辅，这时先已为民的前首辅费宏再入阁，李时再降为次辅。这样的事非止一例。在明史上赫赫有名的"奸相"严嵩入阁后，得以"独承顾问，御札一日或数下，虽同列不获闻"①，言官弹劾他"辁轹百司，市权揽势。凡有陈乞，云集其门，先得其意然后闻于陛下"②，但皇帝却让他接替翟銮当了首辅。不久，帝"微觉嵩横"，召回前被严嵩挤走的首辅夏言入阁，这时夏言"盛气凌嵩，颇斥逐其党"，但严嵩已退为次辅，所以"不能救"③，最后，才借河套问题把夏言害死。

这时，严嵩先是独相，后当首辅，"俨言以丞相自居"，"事无大小，咸专于己，人有少违，必中以祸"④。"凡府部题复，必先禀然后起稿"，"铨司之黜陟，本兵之用舍，尚书每先白嵩许可而后具题"。文选郎中万寀，职方郎中方祥，被称为严嵩的"文武管家"，而尚书吴鹏、欧阳必进、高燿、许论等，"皆惴惴事嵩"。在人们的心目中，严嵩已代表了政府，兵部尚书丁汝夔受严嵩欺骗，临刑时便叹"我为政府

---

① 《明史》卷 308，《严嵩传》，第 7917 页。
② 《明世宗实录》卷 275。
③ 《明史》卷 308，《严嵩传》，第 7916 页。
④ 成岳冲主编：《明清两朝实录所见宁波史料集》上，商务印书馆 2015 年版，第 807 页。

误"①。连皇帝亦认可了严嵩"虽无相名，实有相权"②。

首辅权重延至隆庆时，高拱以首辅兼掌吏部，自己也觉得"权得无太重乎"③。他和辅臣张居正都自认是得以"平章重务"的"辅弼之臣"，即"上佐万几，无专职，而其职无所不兼"④，这又是以丞相自许了。

万历时的张居正更是明朝历史上少有的权相，他被皇帝"虚己委任"，宠以"宾师不名之礼"。他厉行改革，其命令"虽万里外，朝下而夕奉行"，在他面前"百僚皆惕息"，其余阁臣"莫敢异同"，"恂恂若属吏"。他自己在书信中，则自称"孤""不谷"，这时只少一个丞相的衔头罢了。张居正死后，尽管有御史弹劾他专权，但内阁的职权范围仍然高于五府六部与丞相等，只是碍于祖制，才没有作出明文规定。

第二，表现为阁臣可以兼掌部院，从而拥有行政实权，位于部院之上，实际上已经恢复了中书省统率六部的格局。正德以前，晋升为尚书，或以尚书身份入阁的辅臣，并不管六部的具体工作。阁臣掌管六部具体事务，始于正德元年（1506年）入阁，仍掌吏部印的焦芳。但当李东阳提出阁臣"虽与闻机务，而不得有专进退百官之权"⑤时，他便立刻辞去吏部

① 《明史》卷204《丁汝夔传》。
② 《明世宗实录》卷517。
③ 《明穆宗实录》卷58。
④ 《明穆宗实录》卷65。
⑤ 《明武宗实录》卷18。

事。可是嘉靖以后，阁臣掌部院已为君臣所认可，张璁、方献夫、严嵩、徐阶、李本、严讷、高拱等阁臣都曾兼掌部院事。到了天启时，孙承宗以兵部尚书入阁，仍兼掌兵部，不久出镇山海关。崇祯时刘宇亮、杨嗣昌、李建泰等阁臣还先后督师征战，即阁臣不仅可以"侵部臣之权"，而且可以实实在在地拥有行政权、军权。这时他们已不再是单纯的"代言之臣"，而是超于府部大臣之上。但是这些都是违反了"祖制的"，所以虽然有事实，而始终没有一种制度上的规定。

第三，表现在内阁建制的完备。除在上面说到的文移关白已正式称内阁外，还建立了正式的衙署。正统时，翰林院建成后，文渊阁虽然全部归属内阁使用，但并未加以改造。直到嘉靖十六年（1537年），明世宗才"以内阁规制未备"，令太监高忠带领官匠到内阁，与大学士李时等"相计修造事宜"。于是"以文渊阁之中一间恭设御座，旁四间各相间隔，而开户于南，以为阁臣办事之所。阁东诰敕房内，装为小楼，以贮书籍。阁西制敕房。南面隙地添造卷棚三间，以容各官书办"[1]。至此，内阁规制才算最终完备，而"文渊阁"之名，以后亦为"内阁"所代替。[2]

总的说来，明代的中枢运作，是内阁拥有票拟权，司礼监

---

① 《明世宗实录》卷199。

② 参见白钢主编，杜婉言、方志远著：《中国政治制度通史》，第9卷，明代，人民出版社1996年版，第78—88页。

拥有批红权，是内外相维的双规制。自从朱元璋废除丞相、皇帝独揽军政大权后，虽然因为力不从心不得不实行殿阁大学士"赞辅"制度，但纵观有明一代，除了少数"宰辅"外，内阁并未能够发挥其应有的辅政作用，与汉唐宋相比，明代辅相的业绩除了张居正稍有成就外，其他首辅在治理上的政绩并不显著。

第二章　统治危机呼唤改革者

　　进入明朝中期，各种社会问题出现，统治危机凸显。主要表现在：第一，政治腐败，皇帝惰政，宦官专权，内阁倾轧；第二，土地兼并严重，大批农民失业，社会矛盾激化；第三，边防残破，边境危机；第四，财政匮乏，经济停滞；第五，基层管理混乱，民间动荡不已。由于各种社会矛盾与问题日显突出，变革的呼声渐起，加之新君初立，往往力图更新气象，采取一些力度较大的变革，因此到嘉靖、隆庆时期，由中央到地方都开始了改革的尝试，涉及政治、军事、经济和文化等方方面面，形成了一股规模较大的改革浪潮，这是张居正出台治理措施的社会历史大背景。

一、明朝中期的社会危机

　　明王朝在历经了初期七十余年的恢复、发展后，在政治、经济、社会等方面，出现了保守与停滞的种种迹象。主要原因是仁、宣之后，明王朝统治者大体遵守内敛和守成的治国理念，不思进取。长期相对稳定、太平、萎靡的环境，使统治者失去了锐意进取与革新发展的积极上进作风，从而滋生了政治腐败及其种种新的社会问题。

　　到明朝中期，伴随着统治者的惰政，土地兼并的日益严重，财政的日益匮乏，一系列政治、社会问题逐渐凸显出来。主要表现在：

1. 皇帝怠政

　　明朝中期统治危机的出现，与皇帝怠政有很大的关系。

　　自仁、宣开始，明朝治国理念渐趋因循保守。从明英宗开始，几乎历代君主大都贪图享乐，不思进取。明英宗正统后期，宦官王振专权，最终酿成"土木堡之变"，明朝五十万大军全军覆没，明英宗被瓦剌所俘，国力因此大大削弱，最后因为于谦拥立明代宗才暂时渡过统治危机。明英宗复辟之后，打击景泰朝正直官员，重用"功臣"曹吉祥、石亨等，最终竟酿成"曹石之变"。明宪宗即位不久，即深居宫中，疏于政事，刑部官员李旦一针见血地指出："神仙、佛老、外戚、女谒、声色、货利、奇技淫巧，皆陛下素所惑溺，而左右近习交相诱之。"① 即使是被称为"中兴之王"的明孝宗，在执政中后期也宠信宦官，怠于政事，等待他处理的奏章甚至有"稽留数月，或竟不施行"②的情况。明武宗更是离谱，在位期间绝大部分时间"巡游"在外，嬉戏玩耍，严重地影响到他对朝政的处理。正德十五年（1520 年），毛砺庵说，由于皇帝不在京城，许多事务均等皇帝御批定夺，"今各衙门题奏文书，已经臣等拟票封进……自去年八月以后，至今年正、二月，文书虽经奏过尚有多半未曾发回"③。君主怠政，身边佞臣乘机弄权，如明武宗"常以杯杓自随。左右欲乘其昏醉，以市权乱政"④。明世宗统治几近半个世纪之久，其间迷信道教长生之道，将主要精力用于修仙祈求长生上面，权臣严嵩父子长期霸占朝政，祸国殃民，最终浪费了大好年华，将明朝带上了一条危机重重的覆亡之路，《明史》评价明世宗："若其时纷纭多故，将疲于边，贼讧于内，而崇尚道教，享祀弗经，营建繁兴，府藏告匮，百余午富庶治平之业，因以渐替。虽剪剔权奸，威柄在御，要亦中材之主也矣。"⑤应当说，这是公允之论。

---

① 《明史》卷 180《汪奎传》。
② 《明史》卷 181《徐溥传》。
③ 《明武宗实录》卷 191。
④ 《明武宗实录》卷 171。
⑤ 《明史》卷 18《世宗本纪二》。

2. 宦官专权

宦官是皇权专制的伴生物。历史上宦官专权不乏其例，以"东汉及唐、明三代，宦官之祸最烈"[①]。

明朝初年，明太祖朱元璋清醒地认识到宦官专权对于明朝政权的严重危害，曾严格限制宦官的权力。到洪武中期，文武勋臣遭到诛戮贬斥，朱元璋又起用宦官参与传宣谕旨、出使等种种重要的政治活动。明成祖朱棣对宦官更是多所委任。明宣宗朱瞻基还让宦官代替自己"批红"。随着宦官权势的不断上升与膨胀，他们便利用皇权至上的威严和皇帝怠政的心理，窃取部分皇权作威作福，从而形成专权乱政的腐败政治。

明英宗朱祁镇正统初年（1436 年），三杨（杨士奇、杨荣、杨溥）辅政。此时社会稳定，统治阶层一味守成，歌舞升平，善于投机取巧的宦官王振渐渐取得显赫的地位，明朝宦官专权由此拉开帷幕。也正是从正统年间开始，明王朝的国势开始走向了衰弱之路。

明英宗继位后，命王振掌管司礼监，"宠信之，呼为'先生'而不名"[②]。王振则"导帝用重典御下，防大臣欺蔽，于是大臣下狱者不绝"[③]。正统七年（1442 年），对宦官管束甚

---

① （清）赵翼著：《廿二史札记》卷5，《后汉书·宦官之害民》，中华书局 2013 年版，第 111 页。

② 《明史纪事本末》卷 29，《王振用事》，第 443 页。

③ 《明史》卷 304，《王振传》，第 7772 页。

严的张太后去世，王振更加肆无忌惮，公然毁掉洪武年间所立"内臣不得干预政事"碑，"于是权悉归振矣"①。王振进一步安插亲信控制锦衣卫，结党营私，排除异己。一时朝中官僚"畏祸者争附振免死，赇赂辏集"②，在外方面大臣"俱攫金进见，每当朝觐日，进见者以百金为恒，千金者始得醉饱出，由是竞趋苞苴，乃被容接，都御史陈镒、王文俱跪门俯首焉"③。乃至一般公侯勋戚都尊称他为"翁父"。

王振迷信佛教，滥发度牒，大肆挥霍财物，兴建佛寺。百官趋炎附势，一味阿谀献媚，政治混乱不堪。加之对麓川用兵，劳民伤财，"以一隅骚动天下"④。由于瓦剌的兴起和不断南下，王振与明英宗合演了一出"土木之变"的闹剧。结果王振身亡而英宗被俘。于谦辅佐郕王朱祁钰主政，并组织北京保卫战，击退了瓦剌的进攻，才迫使瓦剌放回英宗。明英宗复辟后，又继续重用宦官。明宪宗时，宦官的势力有增无减，愈演愈烈。汪直利用特务机关西厂（创设于1477年）为所欲为，他们打击政敌，大肆制造冤狱，将朝局搞得乌烟瘴气以至于时人"知有汪太监，不知有天子"⑤。明孝宗朱佑樘上台后，曾试图刷新政治，任用忠贤，斥逐奸邪，抑制宦官

①　《明史纪事本末》卷29，《王振用事》，第446页。
②　《明史》卷304，《王振传》，第7773页。
③　《明史纪事本末》卷29，《王振用事》，第417页。
④　《明史》卷171，《王骥传》，第4559页。
⑤　《明史纪事本末》卷37，《汪直用事》，第559页。

势力。弘治八年（1495年）后，他依然经不起宦官李广等人的诱导，热衷于烧炼、斋醮等求长生之事，宦官乱政的情况依然存在。明武宗朱厚照是一个"好逸乐"的帝王，他当太子时，刘瑾就伙同马永成、高凤、罗祥、魏彬、丘聚、谷大用、张永等"八虎"诱导其嬉戏，登基继位后，更是巡游无度，以致"政事多乖，号令不信"①。刘瑾一伙因而得以飞扬跋扈，"公侯勋戚以下，莫敢钧礼，每私谒，相率跪拜。章奏先具红揭投瑾，号'红本'，然后上通政司，号'白本'，皆称刘太监而不名"②。刘瑾还在锦衣卫、东西厂之外，再设特务机关内行厂，"屡兴冤狱"，宦官乱政达到前所未有的程度。

成化至正德年间的宦官专政，产生了严重的恶果。

第一，宦官操纵官员的升迁，扰乱正常的官员晋升。如京官京操和外官朝觐时俱要先拜见刘瑾，以求脱罪升迁，"大小辟奉命出外及还京者，朝见毕，必赴瑾见辞以为常"③。在成化及正德年间，有大量官员包括首辅、尚书、侍郎或总兵官等，皆因反对宦官专权而遭到免职。

第二，影响行政运转。宦官利用司礼监批红之权，为求一己之私利干预朝政，于是"内阁之拟票，不得不决于内监之批红"④。

---

① 《明史》卷188，《刘蓂传》，第4971页。
② 《明史》卷304，《刘瑾传》，第7789页。
③ 《明史纪事本末》卷43，《刘瑾用事》，第1635页。
④ 《明史》卷72，《职官志一》，第1730页。

第三，扰乱军事指挥与管辖权。宦官以监军、镇守或守备等名义，到京军大营、随军队出征或者到边镇参与军兵管理。他们往往自恃甚高，成事不足，败事有余。正德二年（1507年），在刘瑾的操纵下，"镇守太监悉如巡抚、都御史之制，干预刑名政事"①。这些监军到军镇后，"据首席，而协同者为侯伯则上坐，都督则侧坐耳"②。

第四，操纵厂卫等特务机关，制造恐怖政治。他们控制锦衣卫、东厂、西厂和内行厂，以"缉访谋逆妖言大奸恶等"为名，肆意罗织罪名，排除异己，无所不用其极。

第五，经济犯罪极其严重。宦官贪污和浪费惊人。他们利用各种机会，收受贿赂，像成化时东厂太监尚铭，"闻京师有富室，辄以事罗织，得重贿乃已。卖官鬻爵，无所不至"③。刘瑾气焰更为嚣张，外官进京朝觐，"各敛银赂之，每省至二万两。往往贷于京师富豪，复任之日，取辟库贮倍偿之，名曰'京债'。上下交往，恬不为异"④，许多官员因此而"家业荡然"。

总之，明朝中期，在宦官、佞臣长期把持之下，正直耿介的官员遭到打击排斥，一味行贿献媚曲意逢迎的奸邪之辈

① （清）夏燮撰：《明通鉴》卷42，正德二年三月，中华书局2009年版，第1436页。。

② 王世贞：《凤洲杂编》卷一。

③ 《明史》卷304《尚铭传》，第7781页。

④ 《明史纪事本末》卷43，《刘瑾用事》，第651页。

则官运亨通。官吏的铨选考核制度和国家的政治秩序遭到破坏，各级官吏贪污腐败，素质低劣，无法对社会实行规范有序的控制管理。这一切都进一步加深了统治者的危机，激化了社会矛盾，使政局向着更着更加糟糕的方向发展。

3. 官场腐败

在皇帝怠政、因循守成以及宦官专政的大背景下，明中期的官僚队伍也出现了萎靡不振、政治腐败等情况。自明英宗正统以来，吏治败坏日甚一日。英宗时，宦官王振当朝，大肆贪污，及其事败没籍时，所抄金银六十余库，玉盘数百，珊瑚高达六七层者有二十余株之多。武宗时，宦官刘瑾掌控朝政，凡官吏入见，例索千金至四五千金。他弄权败落抄家时，仅黄金就搜出二万两，其他财物之多自不待言。世宗嘉靖时，严嵩为首辅二十一年中，凡文武百官进擢，不论可否，但衡金之多寡而畀之，公开以卖官聚富。他倒台后，抄出黄金达三十万两，白银两百万两，其他珍宝无数，而其时国库太仓存银尚不足十万两。吏制之败坏足见其端绪。

明朝的选官取士之法，用人率重科举，而科举取士率重文章。士子们皓首穷经，在科举考试的指挥棒下，主要精力用于研读《四书》《五经》和八股文式。在谋取一官半职后，为保住来之不易的权与利，大都选择明哲保身，见风使舵，行政能力越来越低下。如作为行政中枢的内阁官员，曲意迎奉、互相倾轧、结党营私者多，主持正义、关心民瘼者少，在这种情况下，政治腐败应时而生。

同时，伴随着社会生产力的恢复与发展，商品货币经济渐趋活跃，在当时全社会奢靡享受之风的影响下，官员以权谋私的风气日渐浓重。王廷相比较了明朝前、中期的贪污之风说："先朝岂无贿者，馈及百两，人已骇其多矣。今也动称辄数千，或乃数万矣……先朝受贿者，暮夜而行，潜灭其迹，犹恐人知矣。今也纳贿受赂，公行无忌，岂非士风大坏矣。"① 贪赃必然枉法，如巡按御史和监察御史们作为"天子耳目"，本为纠察百官以整肃吏治而设，但他们也大多身不由己，公然收受贿赂。②

总之，明朝中期以后，整个国家统治机器已经锈蚀不堪，吏治败坏，贪污私饱，贿赂腐败之风猖行，政治腐败已经成为明王朝另外一个沉疴积弊。

4. 土地兼并

土地兼并是中国传统农业社会的常态痼疾。抑制土地兼并、调整土地分配关系为历代统治者所重视。明太祖打击豪强地主，"移民就宽乡"，培养了一大批自耕农。明代中期，社会各阶层开始分化，原本归官府和普通百姓所有的土地，逐渐被诸王、勋戚、缙绅贵族等特权阶层所侵占，国家对土地的控制力大大降低。宗藩勋戚互相攀比，请求皇帝封赐土地，

---

① 《浚川奏议集》卷9，《天变自陈疏》。
② 参见陈梧桐、彭勇著：《明史十讲》，上海古籍出版社2007年版，第103—105页。

"名为奏求，实豪夺而已。"①"求情及夺占民田者无算"，"为民厉者，莫如皇庄及诸王、勋戚、中官庄田为甚"②。在藩王集中的河南，有"中州地半入藩府"之说。中小地主也依仗权势，采取欺诈等手段巧取豪夺，大肆兼并百姓土地。军屯、民屯和商屯土地，成为兼并的重要对象。根据明王朝对耕地的管理方法，都司卫所管辖的耕地面积很大，后来，由于卫所旗军职能的转变，屯田大量流失，并普遍出现了军田民佃的情况。南京的一些卫所，"行数十里，俱是旷地。葭莽极目，不胜凄凉"③。这些土地又转手成为地主猎取的对象。同时，商品货币经济的持续发展，也加速了土地的商品化，土地买卖更加迅速和频繁。

极为可怕的是，兼并土地的狂潮造成了三个极为严重的后果：

第一，土地兼并波及军卫屯田，导致了军屯制度的破坏。弘治年间，已有官员指出，"不知始自何年，屯田政废，册籍无存，上下因循，无官查考，以致卫所官旗势豪军民侵占盗卖十去其五六，屯田有名无实"④。

第二，国家控制的土地急剧流失。明初国家控制的土地数额为八百五十余万顷，弘治十五年（1502 年）仅有

---

① 《明史》卷 180，《李森传》，第 4771 页。

② 《明史》卷 77，《食货志一》，第 1886 页。

③ （明）万表撰：《皇明经济文录》，第 140 页。

④ 《明经世文编》卷 63，中华书局 1962 年版，第 519 页。

四百二十二万余顷，"天下额田已减强半"，其去向"非拨给于藩府，则欺隐于猾民"，在这种情况下，"赋税何从出，国何从足耶?"①

第三，皇、官庄田和豪强地主兼并土地隐漏赋税的结果，必然加重普通农民的负担。明初宣布原北方"永不起科"的田地，至景泰年间已全部征科赋税。正统初年规定江南诸省田赋中的一部分米麦折银上交，谓之"金花银"，比例为粮四石折银一两，至成化时提高到每一石税粮征银一两，凭空增加三倍。明中叶官私田租极重，往往"一亩官田七斗收，先将六斗送皇州，止留一斗完婚嫁，愁得人来好白头"②。而官府编排差役时放富差贫的做法，则使"贫者弃祖离乡"③，"愈遗累于当役之小民"④。正德以后，官府本已把各项力役差役改为银差，结果纳银之后又复征力差，百姓苦不堪言。一般地主无减免特权，便贿赂官府，采取把田地投献寄于可免杂役的仕宦、缙绅名下和把田地分散到小农名下以降低户等的"诡寄""飞洒"等手段，以逃避赋役，转嫁他人。以致"有地无立锥而籍逾顷亩者，有田连阡陌而版籍无担石者"⑤。

---

① 《明经世文编》卷187，第1920页。

② 《广治平略》卷3《舆地篇》。

③ 《明宪宗实录》卷33。

④ 谢国桢编：《明代社会经济史料选编》下，福建人民出版社1981年版，第168页。

⑤ 《明书》卷67《土田志》。

地方官则援用里甲"赔纳"法将隐逃的赋役俱令小户赔偿，"小户逃绝，令里长；里长逃绝，令粮长；粮长负累之久，亦皆归于逃且绝而已"①。赔纳越重，逃亡越多，土地兼并越严重。恶性循环的结果，最终"民苦赋役，十室九空"②，田地抛荒，出现大批无业流民。明朝后期，有人总结明朝土地买卖的变化特点说："百年田地转三家，言百年之内，兴废无常，必有转售其田至于三家也。今则不然……十年之间，已易数主。"③耕地集中在特权阶层后，他们大多千方百计逃避赋税，将赋役转嫁到普通百姓头上，农民的负担相应加重。广大农民极端苦困，"佣丐衣食以度日，父母妻子啼饥号寒者十室八九"④。饥民扶老携幼，"采野菜煮榆皮而食，百十为群，沿途住宿。皆因饥饿而逃者"⑤。

5. 民间动荡

明初由于土地关系尚未理顺，加以赋役不均，一些地方零星地发生了农民抵抗政府举动，但国内局势总体来说还是比较平稳的。从正统末年开始，民间动荡的范围和规模不断扩大，以破产农民为主力，流民反政府的运动不断发生。在浙江、福建和广东等处，相继爆发了生活在基层的农民、矿工、

---

① （明）万表编：《皇明经济文录》卷20，第445页。
② 谢国桢编：《明代社会经济史料选编》下，第154页。
③ （清）钱泳撰：《履园丛话·丛话四·水学》，中华书局1979年版，第110页。
④ 《明英宗实录》卷34，正统二年九月癸巳。
⑤ 《明英宗实录》卷66，正统六年四月乙丑。

渔户等为了生存所进行的杀官军、占官府、抢粮食等现象。

以正德年间为例。正德年间，京畿地区皇、官庄田急剧膨胀，加上军屯占地及豪强地主侵吞，土地兼并格外严重。而且正统以来政府令畿内民家代养边马，百姓负担沉重。这一带靠近京城，宦官厂卫施暴的危害也更酷烈，官民矛盾特别尖锐激烈。正德五年（1510 年）十月，刘六、刘七首先在霸县揭竿而起，贫苦农民纷纷响应，"弃家从乱者比比而是"①。起事队伍很快又和赵燧等领导的河南等地的反政府军队会合，发展成数十万大军，转战于北直隶、山东、山西、河南、湖广、南直隶、江西等地。他们树起"虎贲三千，直抵幽燕之地，龙飞九五，重开混沌之天"②大旗，几次进逼南北二京，矛头直指明王朝统治中心，在明王朝腹心地区造成巨大震动，被统治阶级哀叹为"丧乱之惨，乃百十年来所未有者"。武宗不但出动京营禁军，而且征调延绥宣大边兵及一些地方军队围追堵截，历时三年，才将此镇压下去。

为了平息民间动荡与从混乱中恢复统治秩序，明朝政府不得不动用大批军队平乱，从而导致国库财政的虚耗。这种情况，对明王朝的基层统治产生了巨大的冲击。

6. 财政匮乏

《明史·食货志》记载，嘉靖时，政府每年收入田赋约两

---

① 《明武宗实录》卷 74。
② 《明史纪事本末》卷 45，《平河北盗》，第 671—673 页。

百万两，而支出竟达五百万两之多，岁收不足支出之半。嘉靖三十年（1551 年），政府支出为五百九十五万两，收入则不足两百万两，亏空几近四百万两，超出收入的两倍。自嘉靖七年至穆宗隆庆元年（1528—1567 年）的四十年间，几乎岁岁出现超支，平均每年亏空在二三百万两之数。隆庆元年（1567 年）太仓存银一百三十万两，而当年支出竟多达五百五十三万两，也就是说，全年库存不足三个月之用。嘉靖四十一年（1562 年），全国年输京粮谷四百万石，而朝廷需要向各地王府支付的俸禄粮就多达八百五十三万石，不足半数。

大量事实说明，到明王朝中期，国家赖以存在的财政经济已经陷入"四方之民力竭，各处之库藏空失"的积贫积弱、几近崩溃的境地，伴随着财政危机而来的，则是各类社会矛盾的日益激化。财政匮乏以及由此引发的各种社会危机，正不断地把明王朝国家政治乃至社会生活推向崩溃的境地。

7. 边备废弛

明中期后，虏患日深，边事旧废，北方鞑靼和东南沿海倭寇的侵掠变本加厉。明政府每年用于国防上的军费支出也扶摇直上。边饷由弘治、正德年间的四十多万两白银，猛增至世宗嘉靖年间的二百七十余万两，至神宗万历时，更达三百八十五万两之多。[①]这对本来已债台高筑的朱明王朝，无

---

① 林永光：《张居正改革新论》，《社会科学战线》1997 年第 3 期。

疑是雪上加霜。

明朝中期，北方蒙古部落的俺答汗拥有骑兵十万，活动于今呼和浩特一带，并与西部河套的吉能部和东部辽东的土蛮部彼此呼应，不断侵扰三北边境。为此，明朝廷"增兵增饷，选卫修垣，万姓疲劳，海内虚耗"[①]，每年仅九边军费即需银二百七十六万两，然而却收效甚微。嘉靖时，蒙古贵族曾数次入侵内地。明政府边将却敌无方，却精于钻营之道，将诸边军粮百万，强半贿赂严嵩，造成军力饥疲，边防大坏。嘉靖二十九年（1550年），俺答汗率兵长驱直逼北京城下，朝野为之震惊。终嘉靖朝，鞑靼先后三次兵临京师，给明朝统治者造成严重威胁。与此同时，东南沿海倭寇活动猖獗，葡萄牙侵占澳门也发生在嘉靖中期。

种种事实表明，明王朝在立国二百年后，已经内外交困，正面临着一场严峻的统治危机。张居正将此概括为五大弊症："曰宗室骄恣，曰庶官瘝旷，曰吏治因循，曰边备未修，曰财用大匮。"[②]面对上述种种社会问题，从明世宗朱厚熜的嘉庆年间开始，一些有远见的政治家，开始着手尝试某些改革，试图缓和日益紧张的社会矛盾，以挽救日益严重的统治危机。

---

① 《明神宗实录》卷67，万历五年九月庚午。
② 《张太岳集》下，下集，卷9，《论时政疏》，第256页。

二、嘉靖、隆庆年间的社会改革

进入明朝中期，由于上述的各种社会矛盾日益突出，朝野变革的呼声渐起，加之新君初立，往往希望更新气象，采取一些力度较大的变革，因此到嘉靖时，由中央到地方都开始了全方位的改革，涉及政治、军事、经济和文化等方方面面，形成了一股规模较大的改革浪潮。

正德十六年（1521年），荒淫无度的明武宗朱厚照病死后，无嗣可立，而且没有同父兄弟可以继位。内阁首辅杨廷和等大臣建议按《皇明祖训》之"兄终弟及"的规定，由兴献王的长子、明宪宗之孙、明孝宗之从子朱厚熜继立，得到皇太后批准。时年十五岁的朱厚熜遂由湖广安陆入京继位，是为明世宗。从明武宗去世到朱厚熜即皇帝位，前后三十七天（三月十四日至四月二十二日）。在这三十七天中，杨廷和等内阁大臣面对复杂的政治背景，力排宦官和佞臣等众难，以明武宗遗诏、太后懿旨和明世宗登基诏的名义，针对正德朝出现的一系列弊病，进行了积极的变革。

嘉靖初年，首辅杨廷和所推行的改革，其主要内容有：

（1）革除皇店；

（2）各入卫京师边兵，俱遣还归镇；

（3）豹房番僧及少林僧、教坊乐人、南京快马船，诸非常例者，一切罢遣；

（4）释放南京逮系诸囚，放遣四方进献女子；

（5）停止京师不急之工务；

（6）收宣府行宫金宝归诸内府；

（7）将诱导明武宗四处嬉游的幸臣边将江彬、神周、李琮等逮下诏狱；

（8）裁减锦衣卫、内监局镇校工役和漕粮。

这些改革措施深孚众望，一时中外相庆。杨廷和也声望日隆，达到了其政治生涯的巅峰。

明世宗是个极爱虚荣的人，他本非法定的皇位继承人，深忌群臣轻视自己出身不正。即位后的第五天，就令礼官集议崇祀其父兴献王的典礼，想借尊崇生身父母的办法来提高自己的威望。礼部尚书毛澄根据杨廷和的意见，会同60余名公卿台谏等官员上议，主张明世宗应"以孝宗为考，兴献王及妃为皇叔父母，祭告上笺称侄"①。也就是说，明世宗不能称自己的生身父母为父母，而应尊崇明孝宗为父亲，既"继统"又"继宗"。明世宗断然拒绝，下令再议。后来观政士张璁上《大礼仪》，得到南京吏部主事桂萼等低级官员和地方官员的支持。他们认为明世宗"继宗""继统"是继明宪宗而非明孝宗之"宗"之"统"，杨廷和等人的主张是曲解明太祖祖训和明武宗遗诏，称易亲生父母是有违"孝情"之举。张璁等人的投机主张，深得明世宗的赞赏。经过几番争斗，失势

① 《明史纪事本末》卷50，《大礼仪》，第734页。

的杨廷和于嘉靖三年（1524年）致仕。张璁、桂萼等人受到重用，张璁还一度当上内阁首辅。

嘉靖三年（1524年），"大礼议"之争告一段落，明世宗稳固了自己的统治地位，开始把精力转移到除旧布新上面。他说："凡旧章未复，弊政未除，人才未用，民生未安，边备未饬，军储未充，一切有裨于政理、利于军民者，其一一条具奏闻，朕将举而行之。"①在张璁、桂萼等"礼仪新贵"的辅佐下，年轻的明世宗采取了一系列大胆而务实的变革措施：

1. 扩大内阁事权

杨廷和被迫辞职后，明世宗将张璁一派加以提拔，使之占据朝中要职。张璁累官翰林学士、詹事、兵部右侍郎署都察院事、内阁大学士；桂萼累官翰林学士、詹事、礼部右侍郎、礼部尚书、吏部尚书、内阁大学士；方献夫累官翰林学士、少詹事署大理寺事、礼部右侍郎、礼部尚书、内阁大学士。张璁、桂萼入阁预机务后，朝班仍立于兵部尚书李承勋之下。明世宗又加张璁少保兼太子太保，桂萼为太子太保，二人俱为从一品，班列李承勋之上，以压制众臣。明世宗还应张璁的请求，颁赐给他们银章，"有事密封奏闻"②。并撤去在内阁专典诰敕的翰林学士，以防泄露机密。明世宗扩大内阁事权，提高内阁地位，旨在加强专制皇权，排挤、压迫

---

① 《明世宗实录》卷43，嘉靖三年九月丙子。
② 《明世宗实录》卷81，嘉靖六年十月甲子。

不肯服从自己的"奸党"，但这恰好为日后张居正当权进行深入改革创造了条件。

2. 整顿都察院

明朝中期，监察机构常依附宦官势力，不能对百官真正起到监察作用。张璁署理都察院后，厉行整饬，疏请处理失职的监察官员，补充较为廉明的官员。他还疏请申饬三法司的堂上官严督部属，"朝散之后，即便齐入衙办事"。并加强对十三道监察御史的工作检查，规定视章奏所涉及事情的繁简，分为三日、五日、十日三种程限，必须按时处理完毕。办事拖沓者，轻则量行戒谕，重则参劾别用。

3. 革除镇守中官

嘉靖十年（1531 年），内阁以"扰害地方"为由，首先裁革云南镇守太监，接着又裁革浙江、两广、福建、独石、永宁、万全、陕西、四川等处的镇守中官。到嘉靖十八年（1539 年），甘肃、辽宁、宣府、大同、榆林、宁夏等边地镇守太监也被革除，只有南京、凤阳等地的镇守太监因事涉重大未作变动。

4. 革除外戚世封，裁减宗室禄米

不过，明世宗在统治地位稳固之后，革新的劲头越来越小，改革的气象逐渐消失。他爱方术，崇信方士，追求长生不老，政治重新荒怠；他好祥瑞，爱虚荣，让长于"青词"、善于恭维的严嵩等人窃取大权，使稍见好转的政治滑向更为糟糕的境地。

　　嘉靖十年（1531年）以后，政治改革趋于平淡。但一些中央和地方官员为了解决严重的财政匮乏问题，继续进行种种改革的尝试和努力。

　　嘉靖初年虽然进行了一些政治改革，但没有进行相应的经济改革，经济形势依然相当严峻。这突出表现在国家财政入不敷出，宗藩、官俸和军费等经费运作都遇到不同程度的困难。财政支出增长最快的要算军费。明初"卫所自给以当军"，到明中期由于屯田制度的破坏和军队防御策略的调整，军费更多的要靠中央和地方财政来解决。嘉靖二十九年（1550年）"庚戌之变"后，中央调动大量边镇军兵入戍蓟镇，并大量募兵，更是导致军费大幅度增加。嘉靖三十年（1551年），"自诸边年例二百八十万外，新增二百四十五万有奇，修边赈济诸役又八百余万"[①]，国家财政支付非常困难。普通民众因赋役猛增而怨声载道，戍边广大官兵因粮饷拖欠亦消极不满。因此，以赋役改革为核心的经济改革已迫在眉睫。

　　嘉靖九年（1530年），吏部尚书、武英殿大学士、曾经有过三任知县经历的桂萼提出了"清图""清籍""攒造""军匠开户""新增田地""寺观田土"和"编审徭役"七项改革方案。[②]编审徭役的改革方案包括实行"量地计丁"和"一体出银"的举措。次年三月，御史傅汉臣将它归纳为"一条编

---

① 《明史》卷202，《孙应奎传》，第5335页。
② 《明世宗实录》卷118，嘉靖九年十月戊寅。

法"（又称一条鞭法），并主张在全国推行，① 但未见付诸实施。在经济发展水平较高的江南地区，一些开明有见识的地方官面对赋役苛重、负担不均的严重问题，也纷纷在其辖区范围内开始进行改革的试验。

嘉靖十六年（1537 年），应天巡抚欧阳铎鉴于苏松地区严重的税负不均，试行"征一法"，即"总征银米之凡，而计亩均输之"②，并对均平差役也提出了许多设想。

嘉靖四十年（1561 年），广东巡按御史潘季驯试行"均平里甲法"，变革力役制度，"先计州县之冲僻，以为用之繁简，令民各随丁力输银于官，每遇供应过客一切公费，官为发银"③。此法深得民心，经朝廷批准，在广东全省实行。

嘉靖四十年（1561 年）至隆庆初年，浙江巡按御史庞尚鹏多次试行赋役改革，他先是实行"十段锦法"，然后又推行"一条鞭法"，其意在公平税负、简化税制，杜绝经手胥吏营私舞弊。此外，他在广东、福建也倡导"一条鞭法"，以期解决困扰官民的赋役不均问题。

改革赋役制度日渐成为各地官民的强烈愿望，赋役改革的步伐越行越急。据梁方仲先生统计，"一条鞭法"的赋役改革，嘉靖一朝有三十六条，而隆庆朝仅六年就有五十五条

① 《明世宗实录》卷 123，嘉靖十年三月己酉。
② 《明史》卷 78，《食货志二》，第 1900 页。
③ 《明世宗实录》卷 492，嘉靖四十年正月庚寅。

之多①。其中，最为著名的是应天巡抚海瑞的"一条鞭法"。他倡导节约、打击豪强、抑制兼并，"力行清丈，颁一条鞭法"②。

嘉靖时期的经济改革，除赋役制度外，还有对严重扰民的驿递制度进行的改革。自嘉靖十四年（1535 年）戴璟在广东首行改革之法后，嘉靖三十四年（1555 年）海瑞在江西南平和兴国、嘉靖三十五年（1556 年）胡松在陕西等地也进行一系列改革。这些改革的基本原则是"以钱代役，以雇役代替差役，以苏民困"。在这些地方改革的基础上，嘉靖三十七年（1558 年），明世宗下令由兵部主持，实行"五字五十一条给驿"改革。万历初年的张居正改革，则把驿递制度整顿推向了高潮。③

嘉靖、隆庆年间，明王朝国家的总体政治、经济形势是不断恶化的，故经济改革虽然呼声很高，效果却不尽人人意。④其原因：

第一，只要政治败坏的情况存在，这种情况就不可避免。自嘉靖十八年（1539 年）起，明世宗迷恋仙道、祈求长生，

---

① 梁方仲：《明代一条鞭法年表》，《岭南学报》第 12 卷 1 期。

② 《明史》卷 226《海瑞传》，第 5933 页。

③ 颜广文：《论嘉靖年间戴璟在广东进行的驿递制度改革》，《广东教育学院学报》2000 年第 4 期。

④ 参见陈梧桐、彭勇著：《明史十讲》，上海古籍出版社 2007 年版，第 107—111 页。

竟然让四岁的太子监国，自己深居宫中专心修炼，消极怠政达三十年之久，政治局势因而急转直下。严嵩与儿子严世蕃把持朝纲，打击异己，贪污受贿，卖官鬻爵，变乱成法，败坏政治，扰乱经济秩序和边关防务等。继位的明穆宗也不是一位勤于政事的帝王，采办、游玩和挥霍是他的兴趣所在，政治自然也得不到更新。

第二，财政形势每况愈下。土地兼并严重而赋役制度又没有理顺，财政收入下降明显，支出却与日俱增。嘉靖后期及隆庆一朝，皇室消费大幅增长，土木工程接二连三；文官队伍不断膨胀，武官队伍冗滥不堪。户部官员因而接连发出"府库久虚"的呼声。隆庆元年（1567年），户部尚书马森清查内库太仓银情况时就说："太仓见存银一百三十万四千六百五十二两，岁支官俸银该一百三十五万有奇，边饷二百三十六万有奇，补发年例一百八十二万有奇，通计所出须得银五百五十三万有奇。以今数抵筹，仅足三月。"[①]

到万历朝张居正任首辅时，明王朝已经是内忧外患，疲惫态势尽显。要么是沉沦与崩溃，要么是革故鼎新以求重新振兴。面对明中期以来政治腐败、财政匮乏、边防疲软的江河日下局面，明神宗万历的初十年间，作为首辅的张居正抓住来之不易的机遇，以其大刀阔斧的改革，拨乱反正，演出

---

① 《明穆宗实录》卷15，隆庆元年十二戊戌。

　　了令后人肃然起敬的一幕幕治理国家的场面，并因此使他跻身于中国历史上著名的改革家、政治家的行列。

第三章　张居正的治国改革主张

隆庆二年（1568年），与李春芳、陈以勤在内阁共事时，张居正向明穆宗上了《陈六事疏》，全面地阐述了他的治国主张与改革思想：

一、省议论："天下之事，虑之贵详，行之贵力，谋在于众，断在于独"；"今后各宜仰体朝廷省事尚实之意，一切章奏务从简切，是非可否，明白直谏，毋得彼此推诿，徒托空言"。

二、振纪纲："近年以来，纪纲不肃，法度不行，上下务为姑息，百事悉从委徇，以模棱两可谓之调停，以委曲迁就谓之善处"；必须"张法纪以肃群工，揽权纲而贞百度。刑赏予夺，一归之公道，而不必曲徇乎私情；政教号令，必断于宸衷，而毋纷更于浮议。法所当加，虽贵近不宥；事有所枉，虽疏贱必申"。

三、重诏令："近日以来，朝廷诏旨，多废格不行，抄到各部，概从停阁。或已题'奉钦依'，一切视为故纸，禁之不止，令之不从"；今后，"凡大小事务，既奉明旨，数日之内即行题复"。

四、核名实："欲用舍赏罚之当，在于综核名实而已"；"惟名实之不核，拣择之不精，所用非其所急，所取非其所求，则上之爵赏不重，而人怀侥倖之心"；必须严考课之法，"用舍进退，一以功实为准。毋徒眩于声名，毋尽拘于资格，毋摇之以毁誉，毋杂之以爱憎，毋以一事概其平生，毋以一眚掩其大节"。

五、固邦本："欲攘外者必先安内"，"民安邦固"；"矫枉者必过其正，当民穷财尽之时，若不痛加省节，恐不能救也"。

六、饬武备："当今之事，其可虑者莫重于边防"，应"申严军政，设法训练"。

一、《论时政疏》的改革主张

嘉靖二十八年（1549年），作为翰林院编修的张居正，上了《论时政疏》①，首次公开了他企求改革的某些治理主张。

第一，张居正在上疏中向明世宗陈述了他上疏的缘由。张居正说：

> 臣闻明主不恶危切之言以立名，志士不避犯颜之诛以直谏，是以事无遗策，功流万世。故嫠妇不恤其纬，而抱宗国之忧。臣虽卑陋，亦厕下庭之列。窃感当时之事，目击心怀，夙夜念之熟矣，敢披肝胆为陛下陈之。伏惟圣明少留意焉。

---

① 具体内容见【明】张居正著，张嗣修、张懋修等编撰：《张太岳集》下，中国书店 2019 年版，第 255—257 页。

张居正认为，他身为翰林院编修，"抱宗国之忧""厕下庭之列"，有为朝廷进言的责任与义务。他将明世宗视为"明君"，希望自己对时政的看法能为君主所"留意"。

第二，张居正在上疏中指出，治国如同治病，人得病是因为气血不通；国家政治出现问题也是同样的道理。张居正说：

> 臣闻天下之势，譬如一身。人之所恃以生者，血气而已。血气流通而不息，则熏蒸灌溉乎百肢，耳目聪明，手足便利而无害。一或壅阏，则血气不能升降，而臃肿痿痹之患生矣。臣窃推今之事势，血气壅阏之病一，而臃肿痿痹之病五，失今不治，后虽疗之，恐不易为力矣。臣敢昧死以闻。

第三，张居正认为，治国之道在于持盈保泰，应该如同天地相交一样而君臣和合，上下一心，勤政求治。他以明孝宗朱佑樘为例，希望当今皇帝也以"求治"为急，"亲信大臣"虚己纳言。张居正说：

> 臣闻天地交，而其道通；上下交，而其志同为泰。泰者，通也。天地不交，其志不通为否。否者，塞也。故天地交，而后能成化育之功；上下交，而后能成和同之治。臣不敢以久远喻，直以近事言之：昔者，孝宗皇帝之急于求治也，早朝晏罢，亲信大臣。大臣奏事，辄屏左右近侍之人；或日昃不倦。台谏有言，皆虚己纳之，虽甚狂悖，不罪也。当此之时，百工奉职，宫无留事，德泽旁洽，流于无穷。一时际会之盛，至今可想也。

第四，张居正向明世宗提出了问题的症结所在，疏中指出当时政治弊端五条，即宗室骄恣、庶官瘝旷、吏治因循、边备不修、财用大匮。张居正说：

今陛下即位以来，二十八年矣。自成祖以后，历年之久，未有过于陛下者。功化之美，固宜上追唐虞，而近配列祖。乃今阴阳不调，灾异数见，四夷未宾，边尘屡警，犹不能不勤宵旰之忧者，意奉职者未得其人与？抑上下之志犹有所未通耳？今群臣百寮，不得望陛下之清光已八九年，虽陛下神圣独运，万几之务，无有留滞。然天道下济而光明，自古圣帝明王，未有不亲近文学侍从之臣，而能独治者也。今陛下所与居者，独宦官宫妾耳。夫宦官宫妾，岂复有怀当时之忧。为宗社之虑者乎？今大小臣工，虽有怀当时之忧，为宗社之虑者，而远隔于尊严之下，悬想于于穆之中，逡巡嗫口，而不敢尽其愚。异日以台谏不言之故，常加谴责矣，是臣下不匡之刑也。而至今无一人举当时之急务以为言者，无已，则毛举数事以塞责。夫以刑罚驱之，而犹不敢言，若是者何？雷霆之威不可干，神明之尊不可测，陛下虚己好谏之诚，未尽暴着于臣下故也。是以大臣虽欲有所建明，而未易进，小臣虽欲有所献纳，而未敢言。由此观之，血气可谓壅阏而不通矣，是以臃肿痿痹之病，乘间而生。其大者：曰宗室骄恣、曰庶官瘝旷、曰吏治因循、曰边备未修、曰财用大匮，其他为圣明之累者不可以悉举，而五者乃其尤大较著者也。

嘉靖二十六年（1547 年），二十二岁的张居正高中成为进士，授庶吉士，进入翰林院。入翰林院后，张居正成了徐阶最赏识的学生之一。在此期间，内阁首辅夏言和次辅严嵩激战正酣。虽然在夏、严之战里，张居正是个旁观者，可也正是因为置身事外，让他有了更多的机会观察朝政，了解民生。随着对朝政、民生的深入了解，对朝廷政治腐败和边防废弛有了自己独到的见解，故而有感而发。

张居正所提出的明王朝政治所存在的"血气壅阏"及五大病症应是他长期深思熟虑的产物。他敢于向明世宗直言"乃今阴阳不调，灾异数见，四夷未宾，边尘屡警，犹不能不勤育盰之忧者，意奉职者未得其人与？抑上下之志犹有所未通耳？"这是触犯逆鳞，是需要勇气的。

明世宗是最不喜欢臣下向他谏诤的，听不得半点批评意见。小小的翰林院编修的上疏，当然不会放在他的眼里，置若罔闻，搁在一边，自然一如石沉大海，毫无回音。但张居正也没有因为上疏而带来政治麻烦，这和此后的杨继盛、海瑞以上疏致祸相比，可要幸运多了。

嘉靖三十二年（1553 年），刑部员外郎杨继盛（字仲芳，号椒山，保定容城人）上疏，弹劾内阁元辅严嵩十大罪：坏祖宗之成法、窃君上之大权、掩君上之治功、纵奸子之僭窃、冒朝廷之军功、引背逆之奸臣、误国家之军机、专黜陟之大柄、失天下之人心、敝天下之风俗。以其中任何一条，即可置严嵩于死地。但当时明世宗宠信严嵩，他自己则清虚学道，不御万机，严嵩才得以擅权乱政。杨继盛的上疏是明知山有虎，偏向虎山行，他自知触怒明世宗与严嵩必死无疑，还是冒死谏诤，无非是要造成一种舆论。明世宗当然不能容忍，将杨继盛下狱处死。杨继盛身上有着传统士大夫那种引以自傲的名节正气，临刑前还赋诗一首：

> 浩气还太虚，丹心照万古。
> 生平未报恩，留作忠魂补。[1]

至死仍对处死他的皇上赤胆忠心，毫无怨言，而明世宗却视他为草芥。这也是杨继盛的悲剧。

嘉靖四十五年（1566年），户部主事海瑞（字汝贤，又字应麟，号刚峰，广东琼山人）仿效贾谊向汉文帝痛哭流涕上《治安策》的先例，向明世宗上《治安疏》，引起朝野轰动，一天之间直声震天下。他以极其激烈的言辞，向明世宗提出警告，要他"翻然悔悟，日御正朝，与宰相、侍从、言官讲求天下利害，洗数十年之积误"。海瑞在上疏中率直地毫不掩饰地指出君道之误，"大端在于斋醮"，即清虚学道，以致"二十余年不视朝，法纪弛矣；数年推广事例，名器滥矣"；天下"吏贪官横，民不聊生，水旱无时，盗贼滋炽"[2]。海瑞

---

① 《明史》卷209，《杨继盛传》，第5542页。

② 《明史》卷226，《海瑞传》，第5928页。

之所以敢于这样直言不讳地批评嘉靖皇帝，是因为他早已经把生死置之度外。上疏前，他买好了棺材，诀别了妻子，把后事托付给同乡庶吉士王弘诲。

明世宗看了这个奏疏，大发雷霆，气得掷到地上，过了一会，又拿来再三阅读，为之感动叹息："此人可方比干。"①过后，又密谕内阁首辅徐阶："今人心之恨不新其政，此物可见也，他说的都是。"由此可见，海瑞上疏的意图还是明白的，但明世宗为了自己的面子、威望，虽未把海瑞处死，仍将他打入牢中监禁。后来，明世宗驾崩。海瑞在狱中听得噩耗，悲痛欲绝，竟五体投地，呕吐得狼藉一片，继而昏厥过去。醒来后，终夜痛哭不停，次日披麻戴孝，呼天抢地，如丧考妣。

杨继盛与海瑞有很多相似之处，都因上疏遭祸。反观张居正的上疏，或许由于措辞巧妙，或许是因为明世宗以为是老生常谈而不屑一顾，总之疏上后是杳无声息，也未加惩处。这既是张居正的悲哀，也是张居正的幸运。

平心而论，张居正奏疏中所列举的五大政治弊端，确实击中了当时政治的要害，如能针对性地做些改革，那么政局必定会大有改观。但是，明世宗昏庸，首辅严嵩擅权，这是根本不可能的。张居正在写给友人的书信中，不无感慨地说："长安棋局屡变，江南羽檄旁午，京师一里之外，大盗十百为群，贪风不止，民怨日深，倘有奸人乘一时之衅，则不可胜

---

① 《明史》卷226，《海瑞传》，第5930页。

讳矣"。因此，他以为当此危难时期，"非得磊落奇伟之士，大破常格，扫除廓清，不足以弭天下之大患"①。毫无疑问，张居正是以磊落奇伟之士自诩的，一旦得志，他便要大破常格，扫除廓清，有一番大动作。他在等待时机。

第五，接下来，张居正在上时政疏中向明世宗详细说明了"五害"的具体表现。

（1）宗室骄恣。张居正说：

> 臣闻今之宗室，古之侯王，其所好尚，皆百姓之观瞻，风俗之移易所系。臣伏睹祖训，观国朝之所以待宗室者，亲礼甚隆，而防范亦密。乃今一二宗藩，不思师法祖训，制节谨度，以承天休，而舍侯王之尊，竞求真人之号，招集方术、逋逃之人，惑民耳目。斯皆外求亲媚于主上，以张其势；而内实奸贪淫虐，陵轹有司，搏刻小民，以纵其欲。今河南抚臣，又见告矣。不早少创之，使屡得志，臣恐四方守臣，无复能行其志，而尾大之势成。臣愚以为非细故也。所谓宗室骄恣者，此也。

（2）庶官瘝旷。张居正说：

> 臣闻才者，材也。养之贵素，使之贵器。养之素则不乏，使之器则得宜。古者一官，必有数人堪此任者，是以代匮承乏，不旷天工。今国家于人才，素未常留意以蓄养之，

---

① 《张太岳集》中，书牍，卷15，《答西夏直指耿楚侗》第353页。

而使之又不当其器。一言议及，辄见逐去。及至缺乏，又不得已，轮资逐格而叙进之。所进或颇不逮所去。今朝廷济济，虽不可谓无人，然亦岂无抱异才而隐伏者乎？亦岂无罹微玷而永废者乎？臣愚以为诸非贪婪至无行者，尽可随才任使，效一节之用；况又有卓卓可录者，而皆使之槁项黄馘以终其身，甚可惜也！吏安得不乏？所谓庶官瘝旷者，此也。

（3）吏治因循。张居正说：

守令者，亲民之吏也。守令之贤否，监司廉之，监司之取舍，铨衡参之。国朝之制，不可谓不周悉矣。迩来考课不严，名实不核。守令之于监司，奔走承顺而已。簿书期会为急务，承望风旨为精敏。监司以是课其贤否，上之铨衡；铨衡又不深察，惟监司之为据。至或举劾参差，毁誉不定，贿多者阶崇，巧宦者秩进。语曰："何以礼义为？才多而光荣；何以谨慎为？勇猛而临官。"以此成风，正直之道塞，势利之俗成，民之利病，俗之污隆，孰有留意者乎？所谓吏治因循者，此也。

（4）边备不修。张居正说：

夷狄之患，虽自古有之，然守备素具，外侮不能侵也。今虏骄日久，迩来尤甚，或当宣大，或入内地，小入则小利，大入则大利。边围之臣，皆务一切幸而不为大害，则欣然而喜，无复有为万世之虑，建难胜之策者。顷者，陛下赫然发奋，激厉将士，云中之战，遂大克捷，此振作之效也。

然法曰："无恃其不来,恃吾有以待之。"乘战胜之气,为预防之图,在此时矣;而迄于无闻。所谓边备未修者,此也。

（5）财用大匮。张居正说：

> 天地生财,自有定数。取之有制,用之有节则裕;取之无制,用之无节则乏。今国赋所出,仰给东南。然民力有限,应办无穷,而王朝之费,又数十倍于国初之时。大官之供,岁累巨万;中贵征索,溪壑难盈。司农屡屡告乏。夫以天下奉一人之身,虽至过费,何遽空乏乎?则所以耗之者,非一端故也。语曰："三寸之管而无当,不可满也。"今天下非特三寸而已。所谓财用大匮者,此也。

张居正接着说：

> 五者之弊,非一日矣。然臣以为此特臃肿痿痹之病耳,非大患也。如使一身之中,血气升降而流通,则此数者,可以一治而愈。夫惟有所壅闭而不通,则虽有针石药物无所用。伏愿陛下览否泰之原,通上下之志,广开献纳之门,亲近辅弼之佐,使群工百寮,皆得一望清光,而通其思虑,君臣之际,晓然无所关格。然后以此五者,分职而责成之,则人思效其所长,而积弊除矣。何五者之足患乎!

最后,张居正用战国扁鹊见蔡桓公的故事,告诫明世宗应当认识到问题的严重性,上医医国,不要像蔡桓公那样因为讳疾忌医而导致国家政事转变成为无可救药而后悔莫及。

张居正说：

> 臣闻扁鹊见桓公曰："君有疾，不治将深。"桓公不悦
> 也。再见又言之，三见望之而走矣。人病未深，固宜早治，
> 不然，臣恐扁鹊望之而走也。狂瞽愚臣，辄触忌讳，惶竦无
> 已。虽然，狂夫之言，而圣人择焉。伏惟圣明少留意于此，
> 天下幸甚。

老实说，张居正具有救国的抱负，也具备治国的能力，但从这篇《上时政疏》中却多少看到了他此事尚血气方刚以及求治过急的心情，应该是文不对时。如果此事明世宗对他进行严厉的处分，很可能就会因此中断他的政治前程。此后，经过与严嵩、徐阶、李春芳、高拱等内阁首辅的频频过招，张居正已经彻底成熟起来，从而为他在万历年间的治理国家准备好了一切。

二、《陈六事疏》的治国气象

据历史记载，明世宗晚年，似亦有意于刷新政事，内阁所拟谕旨，他均亲自修改，但年事日高，国事日非，已处于无计可施的境地，但历史最终不再给他机会了。这个在位长达四十五年的嘉靖皇帝还是带走了属于他的时代。临终遗诏

第三子裕王朱载坖继位，是为明穆宗。1567 年，明穆宗朱载坖即位，改年号为隆庆。隆庆时代的开启，让当时的人们似乎看到了新的希望。因为从宣宗皇帝以后，明朝就一直没有成年皇帝即位，成年的隆庆皇帝似乎让人们又看到了"仁宣之治"的曙光。其时，张居正任礼部左侍郎兼东阁大学士，能够参与政事。第二年，张居正就向明穆宗上了他著名的《陈六事疏》①，全面地阐述了他的治国主张与改革思想。

张居正在这篇著名的奏疏开篇就直率而深刻地指出：

> 臣闻帝王之治天下，有大本，有急务。正心修身，建极以为臣民之表率者，图治之大本也。审几度势，更化宜民者，救时之急务也。大本虽立，而不能更化以善治，譬之琴瑟不调，不解而更张之，不可鼓也。
>
> 恭惟我皇上，践祚以来，正身修德，讲学勤政，倦倦以敬天法祖为心，以节财爱民为务，图治之大本，既以立矣。但近来风俗人情，积习生弊，有颓靡不振之渐，有积重难反之几，若不稍加改易，恐无以新天下之耳目，一天下之心志。臣不揣愚陋，日夜思惟，谨就今时之所宜者，条为六事，开款上请，用备圣明采择。
>
> 臣又自惟，幸得以经术遭逢圣主，备位辅弼，朝夕与同事诸臣，寅恭谐协，凡有所见，自可随事纳忠，似不必更有

---

① 具体内容见（明）张居正著，张嗣修、张懋修等编撰：《张太岳集》上，中国书店 2019 年版，第 1—8 页。

建白。但臣之愚昧，窃见皇上有必为之志，而渊衷静默，臣下莫能仰窥；天下有愿治之心，而旧习因仍，趋向未知所适。故敢不避形迹，披沥上陈，期于宣昭主德，而齐一众志，非有他也。伏乞圣慈垂鉴，俯赐施行。天下幸甚，臣愚幸甚！

（1）张居正在《陈六事疏》中指出，治天下，"有大本，有急务"。所谓大本，就是"正心修身，建极以为臣民之表率者"；所谓急务，就是"审几度势，更化宜民者"。

（2）张居正上疏的主要目的在"救时"，在"更化"。

（3）张居正在肯定"我皇上践祚以来，正身修德，讲学勤政，倦倦以敬天法祖为心，以节财爱民为务，图治之大本，既以立矣"的同时，重点指出："近来风俗人情，积习生弊，有颓靡不振之渐，有积重难反之几，若不稍加改易，恐无以新天下之耳目，一天下之心志。"这才是张居正想要"改易"、解决的"救时"问题。

（4）张居正上疏，是在他认为自己已经"备位辅弼"，能够舒展心志的情况下进行的。

张居正所谓必须"稍加改易"的主要有以下六事：

第一，"省议论"。

张居正说：

臣闻天下之事，虑之贵详，行之贵力，谋在于众，断在于独。汉臣申公云："为治不在多言，顾力行何如耳。"臣窃见顷年以来，朝廷之间议论太多，或一事甲可乙否，或一人而朝由暮跖，或前后不觉背驰，或毁誉自为矛盾，是非淆于唇吻，用舍决于爱憎，政多纷更，事无统纪。

又每见督抚等官，初到地方，即例有条陈一疏。或漫言数事，或更置数官，文藻竞工，览者每为所眩，不曰"此人有才"，即曰"此人任事"。其实莅任之始，地方利病，岂尽周知？属官贤否，岂能洞察？不过采听于众口耳。读其词藻，虽若烂然，究其指归，茫未有效。比其久也，或并其自言者而忘之矣。即如昨年，皇上以虏贼内犯，特敕廷臣集议防虏之策。当其时，众言盈庭，群策毕举。今又将一年矣，其所言者，果尽举行否乎？其所行者，果有实效否乎？又如蓟镇之事，初建议者曰"吾欲云云"，当事者亦曰"吾欲云云"。曾无几何，而将不相能，士哗于伍，异论繁兴，讹言踵至，于是议罢练兵者，又纷纷矣。

臣窃以为事无全利，亦无全害；人有所长，亦有所短。要在权利害之多寡，酌长短之所宜，委任责成，庶克有济。今始则计虑未详，既以人言而遽行；终则执守靡定，又以人言而遽止。加之爱恶交攻，意见横出，谗言微中，飞语流传，寻之莫究其端，听者不胜其眩。是以人怀疑贰，动见诪张，虚旷岁时，成功难睹。语曰："多指乱视，多言乱听。"此最当今大患也。

伏望皇上自今以后，励精治理，主宰化机，扫无用之虚词，求躬行之实效。欲为一事，须审之于初，务求停当；及计虑已审，即断而行之，如唐宪宗之讨淮蔡，虽百方阻之，而终不为之摇。欲用一人，须慎之于始，务求相应；既得其人，则信而任之，如魏文侯之用乐羊，虽谤书盈箧，而终不为之动。

再乞天语叮咛部院等衙门：今后各宜仰体朝廷省事尚实之意，一切章奏，务从简切，是非可否，明白直陈，毋得彼此推诿，徒托空言。其大小臣工，亦各宜秉公持正，以诚心直道相与，以勉修职业为务。反薄归厚，尚质省文，庶治理可兴，而风俗可变也。伏乞圣裁。

张居正论政事之弊，首先即曰"省议论"。他认为国家政治所以会出现了问题，一个重要原因就是"顷年以来，朝廷之间议论太多，或一事甲可乙否，或一人而朝由暮跖，或前后不觉背驰，或毁誉自为矛盾，是非淆于唇吻，用舍决于爱憎，政多纷更，事无统纪。"他对此提出的解决方案是"为治不在多言，顾力行何如耳。""今后各宜仰体朝廷省事尚实之意，一切章奏，务从简切，是非可否，明白直陈，毋得彼此推诿，徒托空言。其大小臣工，亦各宜秉公持正，以诚心直道相与，以勉修职业为务。反薄归厚，尚质省文，庶治理可兴，而风俗可变也。"

第二，"振纪纲"。

张居正说：

臣闻人主以一身而居乎兆民之上，临制四海之广，所以能使天下皆服从其教令，整齐而不乱者，纪纲而已。纲如网之有绳，纪如丝之有总。《诗》曰："勉勉我王，纲纪四方。"此人主太阿之柄，不可一日而倒持者也。

臣窃见近年以来，纪纲不肃，法度不行，上下务为姑息，百事悉从委徇。以模棱两可，谓之"调停"；以委曲迁就，谓之"善处"。法之所加，唯在于微贱；而强梗者，虽坏法干纪，而莫之谁何。礼之所制，反在于朝廷；而为下者，或越理犯分，而恬不知畏。陵替之风渐成，指臂之势难使。贾谊所谓"跐戾"者，深可虑也。

然人情习玩已久，骤一振之，必将曰："此拂人之情者也。"又将曰："此务为操切者也。"臣请有以解之：夫"徇情"之与"顺情"，名虽同而实则异；"振作"之与"操切"，事若近而用则殊。盖"顺情"者，因人情之所同欲者而施之，《大学》所谓"民之所好好之，民之所恶恶之"者也。若"徇情"，则不顾理之是非，事之可否，而惟人情之是便而已。"振作"者，谓整齐严肃，悬法以示民，而使之不敢犯，孔子所谓"道之以德，齐之以礼"者也。若"操切"，则为严刑峻法，虐使其民而已。故情可顺而不可徇，法宜严而不宜猛。

伏望皇上奋乾刚之断，普离照之明，强法纪以肃群工，揽权纲而贞百度。刑赏予夺，一归之公道，而不必曲徇乎私情；政教号令，必断于宸衷，而毋致纷更于浮议。法所当加，虽贵近不宥；事有所枉，虽疏贱必申。

仍乞敕下都察院，查照嘉靖初年所定宪纲事理，再加申饬。秉持公论，振扬风纪，以佐皇上明作励精之治。庶体统正，朝廷尊，而下有法守矣。伏乞圣裁。

张居正认为，"救时"之方，首要加强中央集权，重振纪纲。他指出："臣窃见近年以来，纪纲不肃，法度不行，上下务为姑息，百事悉从委徇。以模棱两可，谓之'调停'；以委曲迁就，谓之"善处"。法之所加，唯在于微贱；而强梗者，虽坏法干纪，而莫之谁何。礼之所制，反在于朝廷；而为下者，或越理犯分，而恬不知畏。陵替之风渐成，指臂之势难使。贾谊所谓'跂戾'者，深可虑也。"他希望君主亲自总揽法纪刑赏之权，"伏望皇上奋乾刚之断，普离照之明，强法纪以肃群工，揽权纲而贞百度。刑赏予夺，一归之公道，而不必曲徇乎私情；政教号令，必断于宸衷，而毋致纷更于浮议。法所当加，虽贵近不宥；事有所枉，虽疏贱必申。"

第三，"重诏令"。

张居正说：

> 臣闻君者，主令者也；臣者，行君之令而致之民者也。君不主令，则无威，臣不行君之令而致之民，则无法，斯大乱之道也。臣看得旧规，凡各衙门章奏，奉旨有"某部看了来说"者，必是紧关事情，重大机务；有"某部知道"者，虽若稍缓，亦必合行事物，或关系各地方民情利病。该衙门自宜参酌缓急，次第题覆。至于发自圣衷，特降敕谕者，又与泛常不同，尤宜上紧奉行，事乃无壅。盖天子之号令，譬之风霆，若风不能动，而霆不能击，则造化之机滞，而乾坤之用息矣。

> 臣窃见近日以来，朝廷诏旨，多废格不行，抄到各部，概从停阁。或已题"奉钦依"，一切视为故纸，禁之不止，令之不从。至于应勘、应报，奉旨行下者，各地方官尤属迟

慢。有查勘一事，而十数年不完者。文卷委积，多致沉埋；干证之人，半在鬼录。年月既远，事多失真。遂使漏网终逃，国有不伸之法；覆盆自若，人怀不白之冤。是非何由而明？赏罚何由而当？

伏望敕下部院等衙门：凡大小事务，既奉明旨，须数日之内，即行题覆。若事理了然，明白易见者，即宜据理剖断，毋但诿之抚按议处，以致耽延。其有合行议、勘、问、奏者，亦要酌量事情缓急，道里远近，严立限期责令上紧奏报。该部置立号簿，登记注销，如有违限不行奏报者，从实查参，坐以违制之罪。吏部即以此考其勤惰，以为贤否，然后人思尽职，而事无壅滞也。伏乞圣裁。

张居正指出："臣窃见近日以来，朝廷诏旨，多废格不行，抄到各部，概从停阁。或已题'奉钦依'，一切视为故纸，禁之不止，令之不从。至于应勘、应报，奉旨行下者，各地方官尤属迟慢。有查勘一事，而十数年不完者。文卷委积，多致沉埋。"这是极其严重的问题。

第四，"核名实"。

张居正说：

臣闻人主之所以驭其臣者，赏罚用舍而已。欲用舍赏罚之当，在于综核名实而已。臣每见朝廷欲用一人，当事者辄有乏才之叹。窃以为古今人才，不甚相远。人主操用舍予夺之权，以奔走天下之士，何求而不得？而曰世无才焉，臣不信也。惟名实之不核，拣择之不精，所用非其所急，所取非其所求，则上之爵赏不重，而人怀侥幸之心。牛骥以并驾而俱疲，工拙以混吹而莫辨。才恶得而不乏，事恶得而有济哉！

臣请略言其概：夫器必试而后知其利钝，马必驾而后知其驽良。今用人则不然。称人之才，不必试之以事；任之以事，不必更考其成；及至偾事之时，又未必明正其罪。椎鲁少文者，以无用见讥；而大言无当者，以虚声窃誉。偲偲侃直者，以忤时难合；而脂韦逢迎者，以巧宦易容。其才虽可用也，或以卑微而轻忽之；其才本无取也，或以名高而尊礼之。或因一事之善，而终身借之以为资；或以一动之差，而众口訾之以为病。加以官不久任，事不责成，更调太繁，迁转太骤，资格太拘，毁誉失实。且近来又有一种风尚：士大夫务为声称，舍其职业，而出位是思。建白条陈，连编累牍。至核其本等职业，反属茫昧。主钱谷者，不对出纳之数，司刑名者，未谙律例之文。官守既失，事何由举？凡此皆所谓名与实爽者也。如此则真才实能之士，何由得进？而百官有司之职，何由得举哉？故臣妄以为世不患无才，患无用之之道。如得其道，则举天下之士，唯上之所欲为，无不应者。

臣愿皇上慎重名器，爱惜爵赏。用人必考其终，授任必求其当。有功于国家，即千金之赏，通侯之印，亦不宜吝；无功国家，虽鞶笑之微，敝袴之贱，亦勿轻予。

仍乞敕下吏部：严考课之法，审名实之归。遵照祖宗旧制，凡京官及外官，三、六年考满，毋得概引复职，滥给恩典，须明白开具"称职""平常""不称职"以为殿最。若其功过未大显著，未可遽行黜陟者，乞将诰敕、勋阶等项，酌量裁与，稍加差等，以示激劝。至于用舍进退，一以功实为准。毋徒眩于声名，毋尽拘于资格，毋摇之以毁誉，毋杂之以爱憎，毋以一事概其平生，毋以一眚掩其大节。在京各衙门佐贰官，须量其才器之所宜者授之，平居则使之讲究职业，赞佐长官，如长官有缺，即以佐贰代之，不必另索。其属官有谙练故事、尽心官守者，九年任满，亦照吏部升授京职，高者即转本衙门堂上官。小九卿堂官品级相同者，不必更相调用。各处巡抚官，果于地方相宜。久者，或就彼加秩，不必又迁他省。布、按二司官，如参议久者，即可升参政；佥事久者，即可升副使；不必互转数易，以兹劳扰。如此，则人有专职，事可责成，而人才亦不患其缺乏矣。此外如臣言有未尽者，亦乞敕下该部，悉心讲求，条列具奏。伏乞圣裁。

张居正指出："臣闻人主之所以驭其臣者，赏罚用舍而已。欲用舍赏罚之当，在于综核名实而已。"综核名实，加强考课，亦是当前治理之急务。

第五，"固邦本"。

张居正说：

臣闻帝王之治，欲攘外者，必先安内。《书》曰："民为邦本，本固邦宁。"自古虽极治之时，不能无夷狄、盗贼之患。唯百姓安乐，家给人足，则虽有外患，而邦本深固，自可无虞。唯是百姓愁苦思乱，民不聊生，然后夷狄、盗贼乘之而起。盖"安民可与行义，而危民易与为非"，其势然也。

恭惟皇上嗣登大宝，首下蠲恤之诏，黎元忻忻，方切更生。独昨岁以元年蠲赋一半，国用不足，又边费重大，内帑空乏；不得已差四御史分道督赋，三都御史清理屯盐，皆一时权宜，以佐国用之急，而人遂有苦其搜括者。臣近日访之外论，皆称不便。缘各御史差出，目睹百姓穷苦，亦无别法清查，止将官库所储尽行催解，以致各省库藏空虚。水旱灾伤，视民之死而不能赈；两广用兵，供饷百出而不能支。是国用未充，而元气已耗矣。

臣窃以为天之生财，在官在民止有此数。譬之于人，禀赋强弱，自有定分。善养生者，唯撙节爱惜，不以嗜欲戕之，亦皆足以却病而延寿。昔汉昭帝承武帝多事之后，海内虚耗，霍光佐之，节俭省用，与民休息，行之数年，百姓阜安，国用遂足。然则与其设法征求，索之于有限之数以病民，孰若加意省俭，取之于自足之中以厚下乎？

仰惟皇上即位以来，凡诸斋醮、土木、淫侈之费，悉行停革，虽大禹之克勤克俭，不是过矣。然臣窃以为矫枉者必过其正，当民穷财尽之时，若不痛加省节，恐不能救也。伏望皇上轸念民穷，加惠邦本，于凡不急工程，无益征办，一切停免，敦尚俭素，以为天下先。

仍乞敕下吏部，慎选良吏，牧养小民。其守令贤否殿最，惟以守己端洁，实心爱民，乃与上考称职，不次擢用；若但善事上官，干理簿书，而无实政及于百姓者，虽有才能干局，止与中考；其贪污显著者，严限追赃，押发各边，自行输纳，完日发遣发落，不但惩贪，亦可以为实边之一助。

再乞敕下户部，悉心讲求财用之所以日匮者，其弊何在？今欲措理，其道何由？今风俗侈靡，官民服舍俱无限制。外之豪强兼并，赋役不均，花分、诡寄，恃顽不纳田粮，偏累小民；内之官府造作，侵欺冒破，奸徒罔利，有名无实。各衙门在官钱粮，漫无稽查，假公济私，官吏滋弊。凡此皆耗财病民之大者。若求其害财者而去之，则亦何必索之于穷困之民，以自耗国家之元气乎？

前项催督御史事完之后，宜即令回京，此后不必再差，重为地方之病。其屯盐各差都御史，应否取回别用，但责成于该管抚按，使之悉心清理。亦乞敕下该部，从长计议，具奏定夺。

以后上下唯务清心省事，安静不扰，庶民生可遂，而邦本获宁也。伏乞圣裁。

张居正说："盖安民可与行义，而危民易与为非"，"民为邦本，本固邦宁"。民是国家的根基，民生安否关系到国祚长短。他认为，自古以来，虽治世也难免"夷狄盗贼之患"。如果民生安乐，家给人足，虽有祸患，"而邦本深固，自无可虞"。反之，如果百姓"愁苦思乱，民不聊生"，一旦"夷狄盗贼"之祸起，国家必危。因此，张居正提出"致理之道，莫要于安民"，"以后上下唯务清心省事，安静不扰，庶民生可遂，而邦本获宁也。"通过安民生以固邦本，使民心爱戴乎上，是长治久安之术。

第六，"饬武备"。

张居正说：

今之上策，莫如自治。而其机要所在，惟在皇上赫然奋发，先定圣志。圣志定，而怀忠蕴谋之士，得效于前矣。今谭者皆曰："吾兵不多，食不足，将帅不得其人。"臣以为此三者皆不足患也。夫兵不患少而患弱。今军伍虽缺，而粮籍具存。若能按籍征求，清查影占，随宜募补，着实训练，何患无兵？捐无用不急之费，并其财力，以抚养战斗之士，何患无财？悬重赏以劝有功，宽文法以伸将权，则忠勇之夫，孰不思奋，又何患于无将？臣之所患，独患中国无奋励激发之志，因循怠玩，姑务偷安，则虽有兵食良将，亦恐不能有为耳。故臣愿皇上急先自治之图，坚定必为之志；属任谋臣，修举实政；不求近功，不忘有事；熟计而审行之，不出五年，虏可图矣。

至于目前自守之策，莫要于选择边吏，团练乡兵，并守墩堡，令民收保。时简精锐，出其空虚以制之。虏即入犯，亦可不至大失。此数者，昨虽已经阁部议行，臣愚犹恐人心玩愒日久，尚以虚文塞责。伏乞敕下兵部，申饬各边督抚，务将前事，着实举行。俟秋防毕日，严查有无实效，大行赏罚，庶沿边诸郡，在在有备，而虏不敢窥也。

再照祖宗时，京营之兵数十万，今虽不足，尚可得八九万人，若使训练有方，亦岂尽皆无用？但士习骄惰，法令难行，虽春秋操练，徒具文耳。臣考之古礼及我祖宗故事，俱有大阅之礼，以习武事而戒不虞。今京城内外，守备单弱，臣常以为忧。伏乞敕下戎政大臣，申严军政，设法训练。每岁或间岁季冬农隙之时，恭请圣驾亲临校阅，一以试将官之能否，一以观军士之勇怯。有技艺精熟者，分别赏赉；老弱不堪者，即行汰易。如此，不惟使辇毂之下常有数万精兵，得居重驭轻之道，且此一举动，传之远近，皆知皇上加意武备，整饬戎事，亦足以伐狂虏之谋，销未萌之患，诚转弱为强之一机也。伏乞圣裁。

张居正指出："惟当今之事，其可虑者，莫重于边防；庙堂之上，所当日夜图画者，亦莫急于边防。""目前自守之策，莫要于选择边吏，团练乡兵，并守墩堡，令民收保。时简精锐，出其空虚以制之。虏即人犯，亦可不至大失。"只有"加意武备，整饬戎事"，"申严军政，设法训练"才是解决边备问题的根本出路。

张居正二十五岁时上《论时政疏》，而上《陈六事疏》的时候，已经四十四岁了。二十年的宦海浮沉生涯，早已经让他的政治手段不再青涩，政治见识与主张也发生了天翻地覆的变化。他的议论已经摆脱少年文士的习气，一切扼着要点，他所陈的六事，前文已经说过，实际上就是论政本和论急务两大事情。

这个《陈六事疏》，主张省议论（禁绝空言，讲究实际）、振纪纲（整肃风纪，严明法律）、重诏令（令行禁止，提高效率）、核名实（严明考课，选拔人才）、固邦本（轻徭薄赋，安抚民众）、饬武备（训练军队，严守边防）等六个方面的改革，旨在整饬吏治，富国强兵，充分体现了张居正所崇信的申不害、商君、韩非的法治思想。他虽以儒术起家，但深谙当时政治弊病深重，知道以儒术不足以矫正，非用申商法治猛药不可。所陈六事，大多切中时弊，而且切实可行。如果认真照此办事，朝政必可改观。

第一条到第四条是论政本。他希望明穆宗有主张，有决断，一切的诏令要实现，一切的政策要贯彻，一切的议论要控制，真正实现君主集权独裁政治。不明白君主政治的内容的人也许以为君主政治都是独裁的，其实这是观念的错误。君主政治只能提高独裁者的地位，不一定是独裁政治。在一个优柔寡断的君主手里，政局常会出现多头政治的倾向，这不是独裁，也不是集权。张居正的主张是希望明穆宗集权和独裁。振纪纲，崇诏令两条，是提高君主的地位；省议论一条，取缔一般的言论；校名实一条，完成独裁的机构。独裁，独裁，唯有独裁，才是张居正的理想。他歌颂成汤，歌颂秦始皇，歌颂明太祖。他曾说过：

> 三代至秦，混沌之再辟者也，其创制立法，至今守之以为利，史称其得圣人之威。使始皇有贤子，守其法而益振之，积至数十年，继宗世族，芟夷已尽，老师宿儒，闻见悉去，民之复起者，皆改心易虑，以听上之令，即有刘、项百辈，何能为哉！惜乎，扶苏仁懦，胡亥稚蒙，奸宄内发，六国余孽尚存，因天下之怨而以秦为招，再传而蹶，此始皇之不幸也。假令扶苏不死，继立必取始皇之法纷更之，以求复三代之旧，至于国势微弱，强宗复起，亦必乱亡。后世儒者，苟见扶苏之谏焚书坑儒，遂以为贤，而不知乱秦者扶苏也。高皇帝以神武定天下，其治主于威强，前代繁文苛礼，

乱政弊习，划削殆尽，其所芟除夷灭，秦法不严于此矣。又浑沌之再辟也。懿文仁柔，建文误用齐、黄诸人，踵衰宋之陋习，日取高皇帝约束纷更之，亦秦之扶苏也。建文不早自败，亦必亡国。幸赖成祖神武，起而振之。历仁、宣、英、宪、孝，皆以刚明英断，总揽乾纲，独运威福，兢兢守高皇帝之法，不敢失坠，故人心大定，而势有常尊。至于世庙，承正德群奸乱政之后，又用威以振之，恢皇纲，饬法纪，而国家神气，为之再扬。盖人心久则难变，法之行，不可虑始，即有不便于人者，彼久而习之，长而安焉，亦自无不宜矣。三代惟商之规模法度，最为整肃，成汤、伊尹，以圣哲勇智，创造基业，其后贤圣之君六七作，故国势常强，纣虽无道，而周取之甚难。以文、武、周公之举，世历三纪，始得帖然顺服，盖天下之归殷久矣。余尝谓本朝立国规模，大略似商，周以下远不及也。列圣相承，纲维丕振，虽历年二百有余，累经大故，而海内人心，晏然不摇，斯用威之效也。腐儒不达时变，动称三代云云，及言革除事，以非议我二祖法令者，皆宋时奸臣卖国之余习，老儒臭腐之迂谈，必不可用也。①

《杂著》不知是张居正写于哪一年的著作，从明太祖洪武元年到明穆宗隆庆元年，恰恰二百年，所以这一段应该是隆庆二年以后的作品了，也许是和《陈六事疏》同时或略后。

---

① 《张太岳集》下，卷12，《杂著》第306—307页。

在这段时间里，张居正期望明穆宗做成汤，他自己也有伊尹之志。但是张居正的《陈六事疏》和当初嘉靖年间锁上《论政事疏》一样，没有达到应有的目的。因为事情再简单不过了，明穆宗不是成汤，不是秦始皇，不是明太祖、明成祖，也不是明世宗，他只是一个懦弱宽厚的君主，谈不上"总揽乾纲，独运威福"。或许，张居正憧憬明景帝任用于谦的故事。那时只要有一个负责的大臣，国家一样可以转危为安，但是隆庆二年，整个国家在粉饰太平当中，明穆宗并不能像明景帝那样信任与重用张居正，而且内阁还有李春芳、陈以勤这几位大臣，一切的大权也轮不到张居正掌控。等待，等待，张居正只有等待。他所得的只有朱批"览卿奏，皆深切时务，具见谋国忠恳，该部、院看，议行"寥寥数语。

　　但成效不能说是一点没有。明穆宗批示后，都御史王廷（字子正，号南岷，四川南充人）议复"振纪纲、重诏令二事"[①]，析为八则，呈进后获准推行。兵部也议复饬武备事宜，一议兵，二议将，三议团练乡兵，四议守城堡，五议整饬京营，也获准推行。户部议复固邦本，提出财用应予整顿经理者十事，也获准推行。但元辅李春芳务以安静来称帝意，不想有所作为；次辅陈以勤则不置可否。这使张居正明白，只有在自己掌握大权后，才能施展其抱负。

---

　　①　《明史纪事本末》卷61，《江陵柄政》第936页。

第四章 张居正主政的政治基础

拥有权力是政治家施政的政治基础。单单拥有权力仍然不够，能够天时地利人和，取得各方利益集团支持者，才能够真正奠定治理国家道路上的基础。明朝中后期，最高统治集团的决策层由皇帝、内阁首辅、司礼监掌印太监三方组成。国家政事往往先由内阁草拟意见，然后报从皇帝批准，最后由司礼监掌印太监用印后下发六部等各职能部门实施方算完成。这就是说，内阁首辅拥有草拟权力，司礼监掌印太监拥有用印权力，决策权则完全掌握在皇帝的手中。但这只是正常情况。特殊时期，如万历初期，因为皇帝弱龄，皇权则由其生母李太后代为管理。因为各种原因，司礼监掌印太监冯保，代摄皇权的李太后，都十分信任与依赖内阁首辅张居正，不对其进行权力压制。在万历皇帝亲政前，张居正不仅是政府领袖，在他主政时期，六部归内阁控制；而且一身兼多任，"加恩少师、兼太子太师、礼部尚书、建极殿大学士、左柱国、兼中极殿大学士"，暂时"摄"有了实际上的皇权。这是张居正改革能够令行禁止，取得成功的政治基础。在明中后期治理国家中，他之所以能够取得远远超越其他首辅的成就，根本原因正在于此。

一、冯保、张居正与高拱的争斗

隆庆六年（1572年）五月二十六日，明穆宗去世，次日发丧，向全国颁布遗诏。遗诏中写道：

> 朕以凉德，缵奉丕图，君主万方，于兹六载，夙夜兢兢，图惟化理，惟恐有辜先帝付托。乃今遘疾弥笃，殆不能兴。夫生之有死，如昼之有夜，自古圣贤其孰能免？惟是维体得人，神器有主，朕即弃世，亦复何憾。皇太子聪明仁孝，令德夙成，宜嗣皇帝位。其恪守祖宗成宪，讲学亲贤，节用爱人，以绵宗社无疆之祚。内外文武群臣协心辅佐，共保灵长，斯朕志毕矣。
>
> 其丧礼悉遵先帝遗制，以日易月二十七日释服，毋禁音乐嫁娶。宗室亲王，藩屏是寄，不可辄离本国。各处镇守、巡抚、总兵等官，及都、布、按三司官员，严固封疆，安抚军民，不许擅离职守。闻丧之日，正于本处朝夕哭临三日，进香遣官代行。广东、广西、四川、云南、贵州及各布政司，七品以下衙门，俱免进香。

诏谕中外，咸使闻之。①

六月初十，皇太子朱翊钧登基称帝，改明年为万历元年（1573 年），是为明神宗。

万历初年，顾命大臣们本当协心辅佐赞弼，才不辜负先皇付托。然而就在此时此际，顾命大臣之间却为了权力而更加明争暗斗起来。内阁元辅高拱与司礼监太监冯保的矛盾越发尖锐。在这场较量中，小皇帝朱翊钧站在"大伴儿"冯保一边。当朱翊钧还是皇太子的时候，冯保就伴随着他，提携披抱，悉心照料，几乎形影不离。朱翊钧把他称为"大伴儿"或"冯伴伴"，视为亲信。

冯保，号双林，真定府深州（今河北深县）人。此人知书达礼，又喜爱琴棋书画，颇有一点儒者风度。由于他的学识涵养在宦官中出类拔萃，官运十分亨通，嘉靖年间就当上了司礼监秉笔太监。

明代宦官不但权重，而且机构庞大，号称"内府"，共有二十四衙门，即十二监、四司、八局。

十二监：司礼监、内官监、御用监、司设监、御马监、神宫监、尚膳监、尚宝监、印绶监、直殿监、尚衣监、都知监。

四司：惜薪司、钟鼓司、宝钞司、混堂司。

八局：兵仗局、银作局、浣衣局、巾帽局、针工局、内

---

① 《明穆宗实录》卷 70，隆庆六年五月庚戌。

织染局、酒醋面局、司苑局。

上述十二监，每监有提督太监或掌印太监负责，均正四品；四司、八局均各有掌印太监一人负责，正五品。

明代内府，实际就是宫内的小政府，几乎可与宫外的大政府即内阁、六部相抗衡。其中尤以司礼监的权力最大，它设掌印太监一员，秉笔太监、随堂太监四五员或八九员。地位最高的是掌印太监，人称"内相"，视若外廷的内阁元辅；其次是秉笔兼掌东厂太监，视若总宪兼次辅；再次是秉笔太监、随堂太监，犹如众辅臣。司礼监的职责是代皇帝批阅公文，凡每日奏进文书，除皇上御笔亲批数本外，都由众太监分批。司礼监太监们遵照内阁所票拟字样，用硃笔楷书批在公文上。他们是皇帝的机要秘书，也是耳目喉舌。司礼监太监每人都有一套工作人员，即所谓"各家私臣"：有掌家，职掌一家之事；有管家，办理食物，出纳银两；有上房，职掌箱柜锁钥；有掌班、领班，钤束两班答应宦官；有司房，打发批文书、誊写应奏文书还有一些看管琐屑事务的宦官。

隆庆元年（1567 年），冯保作为司礼监秉笔太监又兼任提督东厂太监。东厂设于永乐十八年（1420 年），与先前设立的锦衣卫（掌侍卫、缉捕、刑狱之事）相倚，并称厂卫，是直接听命于皇帝的特务机构。其外署设于东安门外以北，其内署在宫内东上北门之北街东、混堂司之南，是冯保为扩张权力，于万历元年建立的。为区别起见，前者称为外厂，后者称为内厂。

此时的冯保，权势已日趋显赫，但他还想上升一步，成为司礼监掌印太监，即"内相"。而当时掌印太监恰巧空缺，按照惯例，冯保以秉笔太监升为掌印太监是名正言顺的。但是，事不凑巧，冯保以小事冒犯了明穆宗，内阁元辅高拱一向畏忌冯保权力过于膨胀，便推荐御用监太监陈洪代理。按宫中规矩，掌御用监的太监不能掌管司礼监，高拱这种不合常例的推荐显然意在钳制冯保，由此遭致冯保的忌恨。陈洪受此推荐，对高拱感恩戴德，极力为高拱"内主"，互相策应。只是由于此人没有文化且不甚圆滑世故，不久就因忤旨而罢官外出。但既然已经得罪了冯保，霸道的高拱干脆一不做二不休，还是不推荐冯保，而推荐掌尚膳监的孟冲。孟冲因主管明穆宗伙食而深得宠信，破例滥竽充数，当上了司礼监掌印太监。冯保此时对高拱恨之入骨，寻找机会报复。明穆宗一死，冯保就活动于皇后、皇贵妃处，斥逐孟冲，由自己取而代之，而且是作为明穆宗的遗旨当众宣布的："着冯保掌司礼监印"①。尽管高拱百般怀疑，为何不在穆宗生前宣布而要在死后宣布，其中颇有矫诏成分，但冯保毕竟已经一跃而成为司礼监掌印太监了。

有明一代，司礼监掌印太监与掌东厂太监，必定由两人分别担任。原因很简单，这两个职位权势太大，不宜集予一

---

① 高拱著：《病榻遗言》卷1，（顾命纪事）《四库全书存目丛书·子部·第240册》，第421页。

人之手。东厂太监领敕给关防（大印），其关防上刻十四字：
"钦差总督东厂官校办事太监关防"，受皇帝钦差提督官校，
气焰已极为嚣张，不宣兼司礼监掌印太监，控制枢密大权。只
在世宗朝太监麦福、黄锦始得兼领二职，此后大多分开。而
冯保居然以印带厂，身兼二职，权势熏天。在这种情况下，
冯保与高拱的矛盾终于进一步白热化了。

高拱，字肃卿，河南新郑人。嘉靖二十年（1541年）进
士，嘉靖四十五年（1566年）拜文渊阁大学士，与郭朴同时
进入内阁。明穆宗即位后，高拱更自视为皇帝裕王府旧人，
不把他的引荐者内阁元辅徐阶放在眼里，与之相抗衡，常常
与他发生矛盾，迫使徐阶不安其位，不得不"乞归"。高拱
一向以精明强干自诩，傲视同僚，先后赶走阁臣陈以勤、李
春芳、赵贞吉、殷仕儋。他对于冯保与张居正的密切关系，
也早有所知。他后来在回忆录中写道："荆人（张居正）卖
众，别走路径，专交通内臣，阴行事于内。而司礼太监冯保
者，狡黠阴狠，敢于为恶而不顾者也。荆人倾身结之，拜为
兄弟，谄事无所不至。保有慧仆徐爵，极所信任，即阴事无
不与谋。荆人深结之，每招致于家，引入书房，共桌而食，
啖以重利。惟其所为皆倾意为之成就。爵深德之，为之斡旋
于内，益固其交。于是，三人者遂成一人，而爵无日不在荆
人所，喘息相通。荆人每有意指，即捏旨付保，从中批出，
以为出自上意，而荆人袖手旁观，佯为不知。此事已久，予

甚患之，而莫可奈何。"①

隆庆五年（1571年）十一月，殷仕儋（字正甫，号文通，山东历城人）致仕，内阁辅臣只剩下了高、张二人。高拱为了约束张居正，便上疏请内阁添人，张居正即拟旨交付冯保，以明穆宗名义批出："卿二人同心辅政，不必添人"。这使高拱感到进退两难：一方面，朝中大臣都以为皇上信任内阁辅臣高、张二人，不必添人，足可胜任；另一方面，张与冯正在算计自己，唆使言官攻击自己，假如有别的阁臣在旁还可引为助力，且可作见证，现在只有二人在内阁中，自己一遭弹劾，就要迴避，独剩张居正一人，便可与冯保内外为计，制自己于死地。

隆庆六年（1572年）三月初，皇太子朱翊钧出阁讲学。按历朝旧制，阁臣只看视三日，以后便不复入视。高拱以为皇太子年幼，讲官又是新人，阁臣不在旁有点于心不安，便上疏指出这点，建议阁臣改为五日一叩讲筵看视。不料冯保在旁与高拱高唱反调，启奏道："东宫幼小，还着阁臣每日轮流一员看视才好"。明穆宗以为言之有理，表示同意。冯保便将"着阁臣每日轮流一员看视"的旨意传出。高拱原本想讨好皇上，反而落得个疏慢的嫌疑。而且，阁臣每日轮流到文华殿关注皇太子朱翊钧的学习，不但提供了冯保与张居正交往的机会，而且也让张居正有了接近皇太子的机会。高拱后

---

① 高拱著：《病榻遗言》卷1，《矛盾原由》《四库全书存目丛书·子部·第240册》，第423页。

来回忆道：凡轮到张居正"看视"皇太子讲学的日子，冯保必定到文华殿东小房，两人屏退左右，秘密交谈，直到太子讲学完毕，方才分手。

经过这种策划，隆庆六年（1572 年）三月下旬，张居正的幕僚曾省吾（字三省，号确菴，湖广钟祥人）向门生户科给事中曹大埜（字仲平，号荔溪，四川巴县人）授意：皇上（穆宗）病重，凡事都由冯太监主行，而冯太监与张相公实为一人，你此时弹劾高阁老，必定成功。张相公一旦秉政，一定大力提拔你。曹大埜心领神会，于是立即上疏弹劾高拱"大不忠"十事：

（1）皇上圣体违和，群臣寝食不宁，而高拱谈笑自若，还到姻亲刑部侍郎曹金家饮酒作乐，把皇上疾病置若罔闻；

（2）太子出阁讲学，是国家重务，高拱不能日侍左右，只逢三、八日叩见一下，不把太子与陛下同等对待；

（3）从高拱复出后，专门从事报复，凡昔日直言高拱过错的官员如岑用宾等二三十人，全部降斥；

（4）高拱掌管吏部，凡越级提拔的都是亲信门生，如副使曹金是姻亲，超擢为刑部侍郎；给事中韩楫是门生，超擢为右通政使；

（5）高拱为了蔽塞言路，每次选授科道官，必预先在吏部训诫，不许擅言大臣过失；

（6）科道官中大多是高拱的心腹，对于高拱的罪恶，都隐晦不言；

（7）昔日权臣严嵩并不兼掌吏部之权，今高拱久掌吏部，官员的用舍予夺，都在他掌握之中，权重于严嵩；

（8）高拱亲开贿赂之门，副使董文案，贿六百两银子，即授予东宫侍班之职；

（9）高拱以私恨黜吴时来，害徐阶，党庇太监陈洪；

（10）擅自把俺答汗归顺之功居为己有。

应该说，这"大不忠十事"并非全是不实之词，但这一奏疏上得不是时候。当时，明穆宗对高拱正有所依赖，视为股肱，不可或缺，加之重病缠身，心境不畅，看了此疏大怒，下令处治曹大埜。司礼监冯保不得不按皇上意思拟旨："曹大埜这厮，排陷辅臣，着降调外任"。拟旨后，赶紧趁还未发下之机，与张居正商量。张居正看了冯保所拟的圣旨，稍作修改，抹去"这厮排陷辅臣"及"降"字，改成："曹大埜妄言，调外任"。冯保再送给皇上过目，然后发出执行。高拱受曹大埜弹劾，知道后面有人指使，立即作出反击。一面上疏"乞休"，引来兵部尚书杨博、给事中雒遵等人上疏，请求皇上挽留，造成声势；一面策动言官攻击曹大埜，其中御史张集的奏疏，以含沙射影的语句暗指冯保、张居正。疏内写道："昔赵高矫杀李斯，而贻秦祸甚烈。又先帝时，严嵩纳天下之贿，厚结中官为心腹，俾彰己之忠，而媒蘖夏言之傲，遂使夏言受诛，而己独蒙眷中外，蒙蔽离间者二十余年。而后事发，则天下困穷已甚"。

张居正见了这一奏疏，顿时脸红气急。但他毕竟城府深藏，良久，揪住了疏中的"辫子"，奋起大喊："这御史如何比皇上为秦二世！予遂拟票该衙门知道。"冯保则把此疏收留不发，以杜后继者，并派散本太监到内阁传言："万岁爷爷说：张集如何比我为秦二世？"同时又公开扬言："上怒，本（指张集奏疏）在御前，意叵测，将欲廷杖为民矣"。"廷杖时，我便问他：今日谁是赵高？"①

这些消息不胫而走，张集早已吓得魂不附体，每日在朝房听拏，以为必遭廷杖，便买了南蛇胆、棺木，吩咐家人预备后事。张居正的门客见状，询问道："这事如何了？"张居正轻描淡写地说："再困他几日，使他尝此滋味也。"冯保将张集奏疏留中不发，但其揭帖（抄本）已流传各衙门，加上曹大埜事件，言官们都攘臂切齿要弹劾张居正。张居正的密友、郎中王篆对张居正说："张集一日不了，则添一日说话。见今人情如此，而尚可激之乎？"张居正当即派王篆到朝房对张集说："张相公致意，君第归家，本已不下，无事矣。"②张集虽然从朝房回到家里，但此事已闹得沸沸扬扬。

高拱也不想把事情闹大，以免造成对自己不利的影响，便在朝房约见吴文佳、周良臣、刘浑成、王璇等科道官，劝他们以君父为重，不必上疏再提此事。张居正不知此事已经平息，专程赴高府向高拱致歉。

① 高拱：《病榻遗言》卷1，《矛盾原由》。
② 高拱：《病榻遗言》卷1，《矛盾原由》。

高拱问：“公可言？”

张居正嗫嚅再三，才说：“曹大埜事，谓我不与知，亦不敢如此说。今事已如此，愿公赦吾之罪。”

高拱举手指天说：“天地、鬼神、祖宗、先帝之灵在上，我平日如何厚公，公今日乃如此，为何负心如此！”

张居正说：“以此责我，我将何辞？但愿公赦吾之罪，吾必痛自惩改，若再敢负心，吾有七子，当一日而死！”

高拱便乘机问道：“昨姚旷封送秘帖与冯保，不图吾见。问之则曰：‘遗诏耳。’我当国事当我行，公奈何瞒我而自送遗诏与保乎？且封帖厚且半寸，皆何所言。安知非谋我之事乎？”

张居正低头说：“公以此责我，我何地自容？今但愿赦罪，容改过耳。”

高拱见张已悔过，便不再追究，淡然地说：“公不须困心，兹科道啧啧有言，吾已托四科官遍告力止之矣。”① 一场风波总算暂时平息。

在高拱看来，事情既已败露，总有再发之时。明穆宗死后，冯保与张居正的交结愈益加甚，彼此间或遣使往来，或密帖相传，一日数次，旁若无人。高拱不能容忍自己大权落旁，决定拿冯保开刀。

高拱见主少国疑，多次向小皇帝明神宗表示：“老臣谬膺托孤之任，不敢不竭股肱之力。”因此，他向皇上请求，今后

① 高拱：《病榻遗言》卷1，《矛盾原由》。

凡有内降命令、府部章奏，都应公听并观，博咨详核，而一切都必须折衷于自己，意图显而易见。他要扩大内阁权力，抑制司礼监太监冯保，不让他过多干预朝政。高拱唯恐冯保凭借内府大权，疏通皇后、贵妃门路，难以收拾，决定先下手为强。

他首先与由他引荐入阁的高仪相商，对他说，现在新主年幼，冯、张二人所作所为，必成社稷之忧。要想去掉此二人，有碍于先皇之托。委而不顾，不忠；依违取容，则有负于先皇之托，更不忠。怎么办呢？

高仪（字子象，号南宇，浙江钱塘人）于隆庆六年（1572年）四月以礼部尚书兼文渊阁大学士入阁办事，人轻言微，不愿卷入这场政治斗争，便泛泛而谈："天道六十年一周。昔正德初，刘瑾弄权，其时内阁刘晦菴（刘健），河南人；谢木斋（谢迁），浙人；李西涯（李东阳），楚人。乃西涯通瑾取容，而二公遂去。今六十年矣，事又相符，岂非天哉！"

高拱不以为然。"吾安得为刘晦菴，彼时武庙（即明武宗）已十有五，西涯只暗通瑾取容，尚顾忌形迹，故晦菴止于去。今上才十龄，荆人（张居正）阴狠更甚，而不止与保交通，不顾形迹，凡吾一言，当即报保知；行一事，即为计授保。使从中假旨梗我而彼袖手旁观，佯为不知。凡荆人之谋，皆保为之也，凡保之为皆荆人为之谋也。明欺主幼，以为得计。如此，吾尚可以济国家之事哉！"

高仪不表态，只是反问："然则何如？"

高拱说："昨受顾命时，公不听吾奏言乎？其曰：'誓死者，盖已见势不可为，业以死许先皇，不复有其身也。'今惟有死而已。吾只据正理正法而行，其济，国之福也；不济，则得正而毙，犹可以见先皇于地下。且上登极后，即当行事，彼朋谋从中相左，则争之费力，不如预以言之。吾今即于登极日，且先疏上五事，明正事体，使君父作主：政有所归，盖不惟止权阉之假借，而亦以防彼之串通，捏上假内批，以行私害人也。若得行，则再陈致治保邦之策；若不得行，则任彼朋谋倾陷，死生不复顾矣。"①

　　显然，高拱早就有所谋划。在官场，在内阁，他奋斗了多年，虽也遭受过挫折，但最终还是胜利了，排斥了他的对手。他最不能容忍大权旁落，任人摆布，如果落到这一地步，还不如斗个鱼死网破。所以已经拟好了陈五事疏，准备在新皇上登极时，立即呈上，攻倒冯保，然后钳制张居正。对于这种近于赌博的政治较量，高仪感到没有把握，便不置可否地对高拱说："公言允当，自是大丈夫事。然祸福未可逆视，吾固不敢赞公行，亦不敢劝公止也"②。他采取明哲保身的超然态度。

　　高拱自视甚高，把事情的复杂性估计过低。他决定陈五事疏，采用阁臣联名的方式，高仪那边已打过招呼，当然还得征求张居正的意见。他便派心腹韩楫（字伯通，号元川，山西蒲州人）把此事通报给张居正："行且建不世功，与公共

---

① 高拱：《病榻遗言》卷 1，《矛盾原由》。

② 高拱：《病榻遗言》卷 1，《矛盾原由》。

之。"张居正当面一口答应，还佯笑道："去此阉（指冯保），若腐鼠耳。即功，胡百世也！"①等韩楫一走，张居正立即派人告诉冯保，要他早做准备，二人合力斥逐高拱。

果然，六月初十日，高拱上疏陈新政所急五事，题目是《特陈紧切事宜以仰裨新政事》。关于这事，《明史·高拱传》只写了一句话："拱以主上幼冲，惩中官专政，条奏请黜司礼，权还之内阁。"《嘉靖以来首辅传》对此事也是一笔带过："大指使政归内阁而不旁落。"不过都点到了高拱上疏的用意所在。《明实录》关于此疏，也只是一个摘要，大大冲淡了高拱意在"惩中官专政"的微言大义。高拱自己写的《病榻遗言·矛盾原由》所载此疏，是全文，从中可以窥知高拱写此疏的良苦用心。他所要说的新政所急五事，大体如下：

（1）今后令司礼监每日将该衙门应奏事件，开一小揭帖，写明某件不该答，某件该答，某件该衙门知道，及是知道了之类。皇上御门时收拾袖中，待各官奏事，取出一览，照件亲答。至于临时裁决，如朝官数少，奏请查究，则答曰：着该衙门查点其纠奏失仪者，重则锦衣卫拿了，次则法司提了间，轻则饶他，亦须亲答。

（2）今后乞命该监官查复旧规，将内外一应章奏，除通政司本外，其余尽数呈览，览毕送票，票后再行呈览，果系

---

① 《嘉靖以来首辅传》卷7，《张居正传》。

停当，然后发行。庶下情得通，奸弊可烛，而皇上亦得以晓天下之事。

（3）伏望于每二七日临朝之后，御文华殿，令臣等随入叩见，有当奏者就便陈奏，无则叩头而出。此外若有紧切事情，容臣等不时请见。其开讲之时，臣皆日侍左右，有当奏者即于讲后奏之。

（4）今后伏乞皇上，一应章奏俱发内阁看详拟票上进，若不当上意，仍发内阁再详拟上。若或有未经发拟径自内批者，容臣等执奏明白，方可施行。

（5）今后伏望皇上，干凡一切奏本，尽行发下，倘有未发者，容原具本之人仍具原本请乞明旨。

一看便知，高拱此疏表面上是以顾命大臣、内阁元辅的身份，在辅导小皇帝如何处理朝改，连细节也一一交代清楚。而隐含于内的深层用意，就在于"请诎司礼权，还之内阁"①。但此疏由高拱、张居正、高仪联名，具有三位顾命大臣按照先皇付托，悉心辅佐之意，给人的印象并非专为冯保而发。用心可谓良苦。高拱的用意即是：明神宗阅后，转发内阁拟票，然后由明神宗照准，便可将大权收归内阁，再发动言官弹劾冯保，由内阁票拟罢黜，便可水到渠成。

然而，冯保毕竟不是等闲之辈，接到高拱的上疏后，并不

---

① 《明史》卷 213，《高拱传》第 5642 页。

转送内阁，而由他自己代皇上拟票曰："知道了，遵祖制。"
短短六字，高拱一看便知，这是皇上不予理会的委婉表达方
式。于是，他再上第二疏，强调了"本月初十日恭上紧切事宜
五件"的重要性，指出："臣等第一条奏未发票，即未蒙明白
允行，恐失人心之望"，"伏望皇上鉴察，发下臣等拟票"。
冯保无可奈何，于第四天，将高拱奏疏发下内阁拟票。高拱
便草拟皇上批语："览卿等所奏，甚于新政有裨，具见忠荩，
俱依拟行"①。

　　高拱以为时机成熟，便要他的门生故吏、现任给事中、
御史们上疏弹劾冯保。高拱自恃与言官们关系不错，决定联
手言官，发动一场舆论攻势，迫使冯保下台。

　　按照高拱的部署，首先发难的是以工科都给事中程文（字
载道，号碧川，江西东乡人）为首的一批言官。他们弹劾冯
保"四逆六罪""三大奸"，罪名都骇人听闻，而且措辞毫不
掩饰，直截了当，欲置冯保于死地。比如"不可赦"罪状第
一条，便是"冯保平日造进诲淫之器，以荡圣心；私进邪燥
之药，以损圣体。先帝因以成疾，遂至弥留"。显然指冯保为
害死明穆宗的元凶。第二条是冯保玩弄"矫诏"手段升任司
礼监掌印太监。第三条是将穆宗遗嘱在穆宗死后以邸报方式
公布，内中有要皇太子"依三阁臣并司礼监辅导"字句，一

---

　　①　《明神宗实录》卷2，隆庆六年六月丁卯。

时人皆传抄，传遍四方。第四条是神宗登极典礼时，冯保在皇帝御座旁站立，是逼挟天子而共受文武百官之朝拜。其他还有耗国不仁、窃盗名器、贩鬻弄权、贪纵、荼毒、凌虐之类罪状。这些给事中要皇上"敕下三法司，亟将冯保拿问，明正典刑。如有巧进邪说，曲为保救者，亦望圣明察之"①。这前一句，不仅要把冯保罢官，而且要置他于死地；这后一句，含沙射影指向张居正，不使冯保有任何回旋的余地。

接着，便是吏科都给事中雒遵（字道行，号泾坡，陕西泾阳人）的弹劾。他愤然指责冯保不过"一侍从之仆"，竟敢在皇上即位之日，立于御座之上，"文武群工拜天子邪，抑拜中官邪？"②因此，要明神宗将冯保付之法司，究其僭横情罪，大置法典。

礼科都给事中陆树德（字与成，号阜南，松江华亭人）等也在弹劾疏中谴责冯保，"刚愎自用，险恶不悛，机巧善于逢迎，变诈熟于窥伺，暴虐久著，贿赂彰闻"。他特别指出冯保成为司礼监掌印太监是个阴谋，五月二十六日卯时，先帝崩逝；辰时，忽传冯保掌司礼监。大小臣工无不失色，始而骇，既而疑；骇者骇祸机之隐伏，疑者疑传奏之不真。举相谓曰：果先帝意乎？则数日之前何不传示，而乃传示于弥留之后，是可疑也。因此他主张将冯保及其所引用亲信全部罢黜。

---

① 高拱：《病榻遗言》卷1，《矛盾原由》。
② 《明史》卷234，《雒于仁传》第6100页。

广西道试御史胡涍（字原荆，号莲渠，常州无锡人）也上疏弹劾冯保窥伺名器，原先掌司礼监印务的孟冲未闻革某用某令旨即被冯保取代。所传令旨出自冯保，臣等相顾骇愕。请皇上严驭近习，毋惑诪谀。

高拱为预防冯保将奏疏留中不发，事先要弹劾者上疏时，将副本以揭帖形式送至内阁，一方面造成倒冯舆论，另一方面高拱正好"从中拟旨"①，驱逐冯保。

冯保虽然老谋深算，对嘉靖中叶以来朝中的权力争斗司空见惯，但如今言官肆意煽风点火，联手攻击自己，毕竟有点手足无措。他唯恐百官面奏皇上，局面难以收拾，便派亲信徐爵向张居正请教对策。张居正说："勿惧，便好将计就计为之。"张居正不是高仪之辈，他精通申不害、韩非的权谋术数，深知协助高拱逐去冯保对自己并无好处，反之，协助冯保逐去高拱，自己便可升为元辅。他不愧是"深中多谋"之人，"耻居拱下，阴与保结为生死交，方思所以倾拱"②，现在时机到了，于是献计，要冯保饰词激怒皇后、皇贵妃，借刀杀人。张、冯秘密策划，双方的亲信姚旷、徐爵，连夜开东华门，三番五次往来定计。冯保终于抓住了高拱在穆宗死后对内阁同僚说的"十岁太子如何治天下"一句话，到皇后、皇贵妃面前攻击高拱，说："拱斥太子为十岁孩子，如何作人

①　《明史》卷213，《高拱传》第642页。
②　《定陵注略》卷1，《逼逐新郑》。

主。"①皇后、皇贵妃听了大惊，太子听了面色立即大变。

六月十六日早朝，宫中传出话来："有旨，召内阁、五府、六部众皆至！"高拱满怀欣喜地以为是皇上要下令斥革冯保，颇为兴高采烈。高仪因惧祸，卧病在家。张居正前几天在天寿山覆视穆宗陵地，返归途中中暑，呕吐不止，正在家中调理，经多次催促，才姗姗来迟，扶曳而入。高拱见了他，难以抑制兴奋的情绪，连声说："今日之事，必是为昨科道本。有问，我当对，我必以正理正法为言，言必忤意，公可就此处，我去则无事矣。"张居正心中有数，表面上不置可否地敷衍了一句："公只是这等说话。"②

高、张一行来到会极门时，太监王蓁已捧圣旨出，文武百官下跪接旨。只听得王蓁说："张老先生接旨意！"接下去，王蓁念道："皇后懿旨、皇贵妃令旨、皇帝圣旨：说与内阁、五府、六部等衙门官员，我大行皇帝宾天先一日，召内阁三臣在御榻前，同我母子三人亲受遗嘱。说：东宫年小，要你们辅佐。今有大学士高拱专权擅政，把朝廷威福都强夺自专，通不许皇帝主管。不知他要何为？我母子三人惊惧不宁。高拱便著回籍闲住，不许停留。你每大臣受国家厚恩，当思竭忠报主，如何只阿附权臣，蔑视幼主，姑且不究。今后都要

---

① 《明史》卷 305，《冯保传》第 7801 页。
② 高拱：《病榻遗言》卷 1，《矛盾原由》。

洗心涤虑，用心办事，如再有这等的，处以典刑。钦此。"①

　　事情的变化大大出乎高拱的预料。先是王太监所说"张老先生接旨"一句，便大有蹊跷，他是元辅，为何不说"高老先生接旨"而说"张老先生接旨"？已经感到大事不妙。愈往下听，愈觉得不对劲，想不到遭斥逐的不是冯保，而是他自己，顿时浑身瘫软，直冒冷汗。据王世贞描述，当时高拱"面色如死灰，汗陡下如雨，伏地不能起"，在一旁的张居正"掖之起"，又"使两吏扶携出"②。事情来得太突然，而且已经无法挽回，当他接到"回籍闲住，不许停留"的旨意后，已经知道一切无法挽回，便准备次日即离京返乡。

　　张居正为了避嫌，与高仪联名上疏，请皇后、皇贵妃、皇帝收回成命，挽留高拱。张居正的这篇奏疏写得颇为情真意切，丝毫没有落井下石的意味。张居正说："臣不胜战惧，不胜惶忧。臣等看得高拱历事三朝三十余年，小心谨慎，未尝有过。虽其议论侃直，外貌威严，而中实过于谨畏，临事兢慎如恐弗胜……每惟先帝付托之重，国家忧患之殷，日夜兢兢，惟以不克负荷为惧，岂敢有一毫专权之心哉！"他还为高拱的陈五事疏辩解，"其意盖欲复祖制，明职掌，以仰裨新政于万一。词虽少直，意实无他。又与臣等彼此商榷，连名同上，亦非独拱意也。若皇上以此罪拱，则臣等之罪亦何所

---

① 高拱：《病榻遗言》卷1，《矛盾原由》。
② 《明史》，《高拱传》第5642页。

逃？"他希望皇上能考虑到高拱是顾命大臣，"未有显过，遂被罢斥，传之四方，殊骇观听，亦非先帝所以付托之意也"，"如以申明职掌为阁臣之罪，则乞将臣等与拱一体罢斥"①。在不明真相的人看来，张居正果然是君子坦荡荡，挺身与高拱分担责任，百般为高拱评功摆好，希望皇上予以挽留。然而联系到他连日来与冯保密谋策划如何斥逐离拱的活动，人们不禁对张居正的虚情假意感到愕然。

张居正的奏疏呈上后，得到皇上的圣旨："卿等不可党护负国"②，显然不同意让高拱继续留任。

第二天一早，高拱赶去辞朝。张居正对高拱说："我为公乞恩驰驿行。"所谓驰驿行，即高级官僚外出享受公家驿站交通的优惠特权。张居正的意思是让高拱离京时体面一点，高拱却不领这个情，回绝道："行则行矣，何驰驿为？"还顺便挖苦他一句："公必不可为，此独不畏'党护负国'之旨再出耶？"张居正尴尬地应了一句："公到底只是如此。"③

高拱辞朝后，仓促乘一骡车离开京城，出宣武门踏上返乡的归途。张居正所说为高拱"乞恩驰驿行"④，倒并非敷衍之词，果然在高辞朝后上疏，说高拱原籍河南，去京师一千五百余里，长途跋涉，实为苦难，伏望皇上垂念旧劳，特赐驰驿

---

① 高拱：《病榻遗言》卷1，《矛盾原由》。
② 《明神宗实录》卷2，隆庆六年六月庚午。
③ 高拱：《病榻遗言》卷1，《矛盾原由》。
④ 高拱：《病榻遗言》卷1，《矛盾原由》。

回籍。这一点，得到了恩准。

据说，高拱出京途中十分狼狈，"缇骑兵番，踉跄逼逐"，"囊筐攘夺无遗"，"仆婢多逃，资斧尽丧"，"出都门二十余里，馁甚，止野店为食"[①]。高拱一行来到良乡真空寺，有亲朋故友前来接风送饭。高拱刚下车，便见一吏手持文书随入寺中，问明后，才知是张居正差来的何文书。何文书把驰驿勘合交给高拱，并转告道："此老爷驰驿勘合也。张爷已票旨准驰驿矣。本部即写勘合伺候，待旨下，即送上也。"到了此时此地，高拱仍耿耿于怀，他始终认为他的下台是张、冯串通一气的阴谋所致，上疏挽留、请驰驿都是张居正做给别人看的政治手腕。高拱那傲视一切的习性压抑不住地流露出来，不无讥刺地对何文书说："安知上之必准乎？安知再无'党护'之说乎？而预写勘合以来，则其理可知矣。夫欲上本救我则上本救我，欲言党护负国则言党护负国，欲乞驰驿则乞驰驿，欲准驰驿则准驰驿。"说得激动，河南老家人们形容两面三刀的民间俗语竟脱口而出："俗言：'又做师婆又做鬼'，'吹笛捏眼，打鼓弄琵琶，三起三落'。"[②]意在讽刺张居正任意玩弄皇上于股掌之中。饭毕，高拱负气不愿乘驿而行，仍想上骡车，送行的亲朋故友再三相劝，他自己思忖：虽是张居正的安排，但既称君命，安敢不受，于是便弃骡车，改

----

①　《定陵注略》卷 1，《逼逐新郑》。

②　高拱：《病榻遗言》卷 1，《矛盾原由》。

乘驿而行。

卧病在家的高仪，听到高拱"回籍闲住"的消息后，大惊失色，担心牵连到自己，忧心忡忡，病情加剧，呕血三日而死。高仪入阁办事仅一个多月，明穆宗死，与高、张一起为顾命大臣，在两位铁腕人物的倾轧之间，虚与委蛇，在权力争斗达到白热化状态时，他卧病不出，避免了麻烦。他为人"简静，寡嗜欲"，旧庐焚毁后并未再建，一直寄居于他人篱下。他一生秉礼循法，过着清贫生活，死后几无以殓。

三位顾命阁臣，一逐，一死，剩下张居正一人，理所当然地成为内阁元辅，一人独当起辅佐万历皇帝的重任。[①]

二、最高统治集团铁三角的形成

高拱被逐，内阁次辅张居正理所当然地成了内阁元辅。六月十九日，明神宗朱翊钧在平台单独召见张居正。与乾清宫相对的云台门，两旁向后，东曰后左门，西曰后右门，也称云台左右门，这就是平台，是皇帝召见阁臣等高级官僚的地方。

张居正因为覆视明穆宗陵墓，中暑致病，在家调理。十九日清晨，接到宫中内侍传达圣旨，宣召入宫。他立刻赶来，见皇上早已在平台宝座上等候了。

---

① 参见樊树志著：《万历传》，人民出版社1993年版，第17—32页。

明神宗命张居正到宝座前，对他慰劳了一番："先生为父皇陵寝，辛苦受热。"又说："国家事重，先生只在阁调理，不必给假。"

张居正叩头承旨后，明神宗说："凡事要先生尽心辅佐。"并追述先皇之言说："先生忠臣。"张居正听了再三顿首谢恩，感激得不能仰视，索性伏地启奏道："臣叨受先帝厚恩，亲承顾命，敢不竭力尽忠，以图报称。方今国家要务，惟在遵守祖宗旧制，不必纷纷更改。至于讲学亲贤，爱民节用，又君道所当先者，伏望圣明留意。"①这是张居正作为元辅第一次向明神宗陈明施政纲领及辅佐宗旨，这个极力主张对弊政扫除廓清的政治家，此时却只字不提改革，而强调遵守祖制，不必纷纷更改，用心颇为良苦，非不为也，实不能也。地位尚未稳固，时机还不成熟。张居正是个沉深有城府，人莫能测的政治家，在不确定太后与皇帝的真实想法之前，他是不会急躁冒进的。

明神宗说："先生说的是。"

张居正又叮嘱皇上："目今天气盛暑，望皇上在宫中，慎起居，节饮食，以保养圣躬，茂膺万福。"

明神宗答云："知道了。"即吩咐左右内侍："与先生酒饭吃！"②还颁赐白银五十两，纻丝四表里（即衣料面子、里

①　《明神宗实录》卷2，隆庆六年六月癸酉。

②　《张太岳集》上，奏疏，卷2，《谢召见疏》第19页。

子各四套），内中有蟒龙、斗牛各一匹。

这次平台召见，是朱翊钧即位后第一次单独与内阁元辅张居正的谈话。在明神宗方面，一则表示感谢他为父皇陵寝奔波的辛苦，二则在高拱被逐的情况下，要张尽心辅佐。在张居正方面，一则以顾命大臣、内阁元辅的身份告诫皇上，遵守祖制、讲学亲贤、爱民节用；二则对皇上的厚爱表示感谢。

张居正叩头谢恩退出后，立即写了《谢召见疏》，呈给小皇帝。这是他十年辅佐生涯中向明神宗上的第一份奏疏。除了表示谢意的客套话，他着重表达了秉公为国的思想："人臣之道，必秉公为国，不恤其私，乃谓之忠。臣少受父师之训，于此一字，讲明甚熟。迨登仕籍以来，业业操持，未尝有坠。今伏荷皇上天语谆谆，恩若父子，自非木石，能不奋励！臣之区区，但当矢坚素履，馨竭献为。为祖宗谨守成宪，不敢以臆见纷更；为国家爱养人才，不敢以私意用舍。"此外，他还希望明神宗"思祖宗缔造之艰，念皇考顾遗之重，继今益讲学勤政，亲贤远奸，使宫府一体，上下一心，以成雍熙悠久之治"[1]。这个谢召见疏，颇为真切地反映了张居正担任内阁首辅后想要有所作为的心态。小皇帝出于对元辅张先生的信赖，都毫无保留地予以支持，期待君臣一心，开创一个新的政治局面。

---

[1]　《张太岳集》上，奏疏，卷2，《谢召见疏》，第20页。

万历元年（1573 年），注定是张居正时代的开启标志。其时，大明王朝的金銮宝殿上虽然坐着的是一个十岁的少年皇帝，但这个少年皇帝的背后却有三个握有决定国家命运走向的人物：李太后、张居正和冯保。这三个人对小皇帝明神宗来说，都是非常重要的人。一个是他的亲生母亲，一个是集老师、内阁首辅于一身的辅政重臣，另一个则是陪他从小长大，曾时刻跟随着他，伺候他的"大伴儿"。除了张居正，李太后和冯保都是小皇帝十岁前非常亲密的人。张居正虽然已经斗倒了高拱，坐上大明内阁首辅的宝座，但并非万事俱备只欠东风。他如想要在政治上取得成就，实现抱负，就必须取得李太后与司礼监掌印太监冯保的支持。

事实上，对于李太后及其小皇帝朱翊钧，张居正早就抛出了橄榄枝。早在明穆宗隆庆二年（1568 年）春，张居正就以内阁辅臣身份，向明穆宗上《请册立东宫疏》，建议及早册立朱翊钧为皇太子。他向明穆宗指出：

> 臣闻太子者，国之大本，君之储贰。自昔圣帝明王，莫不早建元良，预定储位，所以尊宗庙，重社稷也。
>
> 臣昔侍藩邸，窃闻皇子聪明岐嶷，睿质凤成。我皇上茂膺天眷，笃生圣子，中外人心咸切仰戴。去岁皇上登极之初，礼官即疏请册立。伏奉圣谕：以皇子年尚幼，先赐名而后册立。臣有以见皇上慎重大礼之意。但人心属望已久，大计亦宜早定。

查得我祖宗故事，宣宗以宣德三年立英宗为皇太子，时年二岁。宪宗以成化十一年立孝宗为皇太子，时年六岁。孝宗以弘治五年立武宗为皇太子，时尚未周岁也。今皇子年已六岁，比之孝庙年适相符，较之英、武两朝，则已过其期矣。伏望皇上率由祖宗之旧章，深惟社稷之长计，以今首春吉旦，敕下礼官，早正储官之位，以定国本，以慰群情。至于出阁讲学，及一应朝贺等礼，稍俟数年，皇子睿体充实，然后举行，亦未为迟。臣愚昧荷皇上恩遇，列在辅臣之末，事关宗社，不敢不尽其愚。伏惟圣慈，俯允施行，天下幸甚。①

张居正说，当初他在裕王府邸时，就知道皇子聪明歧嶷，睿质凤成。去年皇上登基之初，礼部官员就曾疏请册立皇太子，而皇上以为皇子年幼，拟先赐名而后再册立。本朝早立皇太子不乏先例，宣宗于宣德三年（1428 年）立英宗为皇太子，时年二岁；宪宗于成化十一年（1475 年）立孝宗为皇太子，时年六岁；孝宗于弘治五年（1492 年）立武宗为皇太子，时尚未满岁。现在皇子已六岁，伏望皇上于今春吉旦，早立储宫之位，以定国本，以慰群情。这一建议被明穆宗所采纳："奉御批：礼部本上，允行。"②就这样，隆庆二年（1568 年）三月初八，朱翊钧顺利地被册立皇太子。

---

① 《张太岳集》上，奏疏，卷 1，《请册立东宫疏》，第 9 页。
② 《张太岳集》上，奏疏，卷 1，《请册立东宫疏·御批》，第 9 页。

经过这件事情，张居正与皇太子朱翊钧及其生母李贵妃之间自然就建立起来了信任与同盟的关系。万历初年高拱被休致回籍后，张居正更是成为明神宗母子二人倚重与信赖的对象。

至于冯保，当初想当上掌印太监，需要除掉司礼监掌印太监孟冲，而孟冲是高拱的人。而张居正想当上首辅，需要除掉内阁首辅高拱，可高拱又深受明穆宗宠信。不管是冯保还是张居正，凭他们的一己之力，都很难实现他们的野心。可当他们二人的力量合成一股力量，便能各得所需。正是在张居正的密谋策划下，冯保最终坐上了司礼监掌印太监的宝座。对张居正，他是既感激又佩服，加上张居正极尽牢笼之能事，二人在万历年间的政治同盟关系也几乎是牢不可破。

这样，至万历初年，明王朝最高统治集团的铁三角同盟关系彻底形成。皇权在李太后及其明神宗手中；批红权掌握在"内相"冯保手中；票拟权则操纵在以张居正为首的内阁手中。因为信任与支持以及其他各种复杂的因素，铁三角的核心人物实际上是内阁首辅张居正。这为接下来张居正实施他的治国理政举措奠定了牢固的政治基础。

天时地利人和。

这种情况在明朝其他时期很难找到相同或相近的案例。

张居正的时代开始了。

第五章 对万历皇帝的倾心培养

万历年间，张居正除了掌管着内阁的一切军政要务外，还担负着对少年皇帝朱翊钧的学习与教育的培养及熏陶之职责。李太后自明神宗登基，便将他交给了张居正，让他像父亲一样严格要求小皇帝的成长。因而，张居正每天不管多忙，都要抽出时间给小皇帝备课讲课，从四书五经，到各朝历史，帝王之学，等等，都是日讲和经筵的必学内容。这样，明神宗在张居正面前便不再是一个高高在上的皇帝，而更像是张居正监护下的一个学生。事实上，万历初十年，明神宗也确实对张居正敬重备至，待之以师臣之礼，口口声声称"先生"或"张先生"，在下御札时，从不直呼其名，只称先生或元辅。以后传旨批奏时，也多不提其名，只写"谕元辅"。在如何教育少年皇帝朱翊钧成为一代明君上面，张居正倾注了大量的心血和精力，因此，对小皇帝的培养也应该视为他治国理政的一个重要组成部分。

一、对万历皇帝的"日讲"

明神宗朱翊钧在太子时代，就已经开始"出阁讲学"。

皇太子出阁讲学，是明太祖朱元璋定下的祖制。朱元璋历经忧患，深知"士庶之子系一家之盛衰，天子之子系天下之安危"，所以很重视对太子的教育，要求宫官辅导太子，"必先养其德性，使进于高明，于帝王之道，礼乐之教及往古成败之迹，民间稼穑之事，朝夕与之论说"①。为此特建大本堂，置古今图书其中，延四方名儒教皇太子、诸王，选才俊之士伴读，命学士宋濂、博士孔克仁等授以经，要求他们"辅以实学，毋徒效文士记诵词章"。后又改至文华殿，明世宗朱厚熜时改至便殿。

天顺二年（1458年），明英宗朱祁镇制定了皇太子出阁讲学礼仪。按照规矩，讲学的内容，先读四书，次读经或史。讲毕，侍书官侍习写字；写毕，各官叩头退出。读书三月后，有一次温习背诵，读诵熟，温书之日不授新书。写字，春夏秋日百字，冬日五十字。凡节假日或大风雨雪、隆寒盛暑，暂停。明朝后来的皇太子"出阁讲学"，基本上都是遵从了这一讲学礼仪。

早在隆庆四年（1570年）正月二十日，细思缜密的张居

---

① 《典故纪闻》卷2，第27页。

正就向明穆宗上了《请皇太子出阁讲学疏》，希望皇太子朱翊钧能够"早一日"就学，以早获"培养之益"。上疏写道：

　　昨，该礼部、礼科题请东宫出阁讲学，臣等拟票，择日具仪。奉御批："年十龄来奏。"此我皇上保爱东宫，不欲以讲读劳之也。臣等敢不仰体圣心。但窃闻孔子有云："爱之能勿劳乎？"劳之正所以成其爱也。远稽古礼，近考祖制，皆以八岁就学。盖人生八岁，则知识渐长，情窦渐开，养之以正，则日就规矩；养之不正，则日就放逸，所关至重也。故周成王在襁褓之中，即周、召、太公为之师保，为之置三少，为之选天下之端士，以衡翼之。自孩提有识，即见正事，闻正言，而成王为有周之令主，良有以也。

　　敬惟东宫殿下，英明天锡，睿智夙成。今已八龄，非襁褓矣。正聪明初发之时，理欲互胜之际，必及时出阁，遴选孝友敦厚之士，日进仁义道德之说，于以开发其知识，于以熏陶其德性。庶前后左右所与处者皆正人，出入起居所见闻者皆正事。作圣之基，以豫养而成；天下之本，以早教而端也。若必待十龄，去此尚有二年之远，中间倘所见所闻，少有不正，则关系匪轻。早一日，则有一日培养之益；迟一年，则少一年进修之功。惟皇上深省焉。

　　臣等职叨辅导，义不容默。用是不避烦渎，恳切陈请，恭候命下。臣等会同礼部，酌议简便仪注，上请钦定施行。伏望圣明，俯赐俞允。①

---

　　① 《张太岳集》上，奏疏，卷1，《请皇太子出阁讲学疏公本》，第17页。

对于这份上疏，明穆宗御批"留中"，并没有重视与采纳，仍按照"年十龄来奏"原议来处理。

隆庆六年（1572年）二月，皇太子朱翊钧十岁，已经到了明穆宗认定的出阁讲学的年龄，明穆宗亲自为他选择了教官即东宫辅导。皇太子的老师，都是当时声名显赫的高级硕儒饱学之士：高仪、张四维、余有丁、陈栋、马自强、陶大临、陈经邦、何洛文、沈鲤、张秩、沈渊、许国、马维文、徐继申。到了三月，皇太子正式"出阁讲学"，开始接受传统文化与伦理道德的系统训练，以便有朝一日能成为一个称职的有作为的皇帝。也就是这一年，明穆宗"改设皇太子座于文华殿之东厢，正中西向。""每日讲读各官，先诣文华门外东西向序立，候帝御日讲、经筵毕，皇太子出阁升座。"[1] 凡太子初讲时，阁臣连侍五日，以后每逢三、八日一至，拜出后，各讲官再进入开讲。

十岁的朱翊钧即位后，虽身为皇帝，但讲学仍不停辍。因为先皇有遗言在先，要他"进学修德""用贤使能"。作为顾命大臣的张居正，对此更是认真不懈，成为明神宗的主讲老师。

隆庆六年（1572年）六月，张居正向明神宗上疏，建议他在秋凉之际开始皇帝的日讲。他在疏文中说，"自古帝王虽具神圣之资，尤必以务学为急"，"我祖宗列圣，加意典学，

---

[1]　《明史》卷55，《礼志九》，第1408页。

经筵日讲，具有成宪。用能恢宏治理，坐致升平。"而辅弼大臣的第一要务，便是"培养君德，开导圣学""讲求义理，开广聪明"①。更何况自己亲受先帝顾托，当时倦倦以讲学亲贤为嘱的遗言，还在耳边。鉴于先皇丧事还未过去，张居正便援引弘治朝的先例，定于八月中旬择日，请皇上于文华殿后殿先行日讲，至于经筵会讲俟明年春天再俟举行。对于这种合乎祖宗成宪的安排，明神宗是必须接受的，他立即批复同意："览卿等奏，具见忠爱，八月内，择吉先御日讲，经筵俟明春举行"②。明神宗的日讲与经筵就这样定了下来。

接着，张居正为明神宗初步排定了视朝与讲读的日程表。

在张居正看来，对于一个刚刚十岁的小皇帝，每日既要视朝理政，退朝后又要讲读，太过于疲劳，"恐非节宣之道"。从有益于身心，有裨于治道而言，"则视朝又不如勤学之为实务也"，所以在处理视朝与讲读的关系时，张居正把讲读放在第一位。具体日程安排是：每月逢三、六、九日（含十三、十六、十九与二十三、二十六、二十九）日视朝，其余日都到文华殿讲读。凡视朝之日即免讲读，讲读之日即免视朝。这就是说，一旬之中，三天视朝，七天讲读，"非大寒大暑，不辍讲习之功"③。

---

① 《张太岳集》上，奏疏，卷2，《乞崇圣学以隆圣治事》，第28页。
② 《张太岳集》上，奏疏，卷3，《请开经筵疏》，第50页。
③ 《张太岳集》上，奏疏，卷2，《请酌定朝讲日期疏》，第29页。

对于这个日程表，明神宗是能够接受的。他批复道："今后除大礼、大节并朔望升殿，及遇有大事不时宣召大臣咨问外，其常朝每月定以三六九日御门听政，余日俱免朝参，只御文华殿讲读。"[1]

讲学日期定下后，八月十三日，恰巧是三六九中之三，张居正在上朝时又及时递上了《拟日讲仪注疏》，把日前议定的日讲事宜进一步具体化。疏中奏道：

照得日讲期近，臣等谨查照累朝事例，酌拟仪注，开坐上请，伏乞圣明裁定，敕下臣等遵行。

计开：

一、伏睹皇上在东官讲读，《大学》至传之五章，《尚书》至《尧典》之终篇。今各于每日接续讲读，先读《大学》十遍，次读《尚书》十遍。讲官各随即进讲毕，各退。

一、讲读毕，皇上进暖阁少憩。司礼监将各衙门章奏进上御览。臣等退在西厢房伺候。皇上若有所谘问，乞即召臣等至御前，将本中事情，一一明白敷奏，庶皇上睿明日开，国家政务，久之自然练熟。

一、览本后，臣等率领正字官，恭侍皇上进字毕。若皇上欲再进暖阁少憩，臣等仍退至西厢房伺候。若皇上不进暖阁，臣等即率讲官，再进午讲。

一、近午初时，进讲《通鉴》节要。讲官务将前代兴亡事实，直讲明白。讲毕各退，皇上还宫。

一、每日各官讲读毕，或圣心于书义有疑，乞即下问。臣等再用俗说讲解，务求明白。

一、每月三、六、九视朝之日，暂免讲读。仍望皇上于宫中有暇，将讲读过经书，从容温习；或看字体法帖，随意写字一幅，不拘多寡，工夫不致间断。

一、每日定以日出时，请皇上早膳毕，出御讲读。午膳毕，还宫。

一、查得先朝事例，非遇大寒大暑，不辍讲读。本日若遇风雨，传旨暂免。[①]

张居正考虑到原有的日讲官人数不够，讲读后又要写字，须配备侍书恭伺左右，开说笔法，于是便命东宫讲读官马自强、陶大临、陈绶邦、何雒文、沈鲤，侍班官丁士美，并为日讲官，马继艾、徐继中仍为侍书官。

自此以后，明神宗的讲读、视朝便按部就班地进行，每逢三、六、九日视朝，一、二、四、五、七、八、十日赴文华殿讲读。

隆庆六年（1572 年）十二月十七日，明神宗在文华殿讲读毕，张居正率讲官向他奏上一部《帝鉴图说》。这是张居正要马自强等讲官考究历代帝王事迹编写而成的，书中选取

---

① 《张太岳集》上，奏疏，卷 2，《拟日讲仪注疏》，第 30 页。

"善可为法者"八十一事，"恶可为戒者"三十六事，每一事绘一图，后面附以传记本文，图文并茂，因而称为图说；又取唐太宗以史为鉴之意，题名为《历代帝鉴图说》。张居正为此写了《进〈帝鉴图说〉疏》，阐明了编写此书的旨意，是让皇上"视其善者，取以为师，从之如不及；视其恶者，用以为戒，畏之如探汤。每兴一念，行一事，即稽古以验今，因人而自考。高山可仰，毋忘终篑之功；覆辙在前，永作后车之戒"①。张居正将奏疏面呈皇上，明神宗随手翻阅，朗诵了几句，便抬眼对张居正等说："先生每起！"于是张居正走近御案，把奏疏接着读完，又捧出《历代帝鉴图说》呈上。明神宗起立，翻阅图说。张居正一一指陈，明神宗也应声说出一些大意，其中不待指陈能自言其义者，十居四五。此后，明神宗一直把《帝鉴图说》置于座右，每逢讲读之日，便叫张居正解说，习以为常。

二、对万历皇帝的"经筵"

万历元年（1573 年）新春伊始，明神宗君臣均充满政治热情。

这是朱翊钧即位改元后的第一个春节，正月初一，他驾

---

①　《张太岳集》上，奏疏，卷 3，《进〈帝鉴图说〉疏》，第 46 页。

临皇极殿，在金碧辉煌的宝殿里，接受百官朝贺。正月初五日，明神宗传谕内阁："初七日开日讲"。其实，作为皇帝也有讲读的节假日，按常例要到正月二十一日。大臣及讲官对皇上节假还未结束就开始讲读，十分钦佩，交口称赞他"好学之笃"①。到了初七那天，明神宗果然到文华殿讲读。

正月初十日，张居正遵照祖宗成宪，上疏请开经筵。张居正说：

> 去年八月内，该臣等题："为乞崇圣学以隆圣治事。"奉圣旨："览卿等奏，具见忠爱。八月内，择吉先御日讲，经筵侯明春举行。礼部知道。钦此。"今年正月初五日，奉圣谕："初七日开日讲，谕卿等知之。钦此。"

> 臣等恭照经筵、日讲，皆所以仰成圣德，讲明治道，在我祖宗列圣，自有成规。去年臣等因山陵未毕，岁事将终，故请皇上先御日讲，次开经筵。荷蒙圣明即赐允行。后值隆冬，讲读不辍。兹于年节假内，即已谕开日讲。臣等仰见我皇上惕励之诚，法天行健，缉熙之学，与日俱新，诚宗社万万年无疆之庆也。

> 但经筵盛典，亦宜次第举行。且在廷臣工，久切快睹之望。伏乞敕下礼部，遵照前旨，于二月内择日具仪，肇举令典。其合用知经筵、同知经筵及侍班讲读、执事侍仪等官，容臣等查照旧规，议拟上请，仰候圣裁施行。庶劝讲之

---

① 《明神宗实录》卷9，万历元年正月戊子。

礼，既不废于公庭；造膝之言，又日陈于左右。圣功已密而益密，圣德日新而又新矣。[①]

自宋以来，为皇帝讲解经传史鉴特设的讲席，称为经筵。明初沿袭此举，无定日，亦无定所。明英宗即位后，始著为常仪，以每月逢二日，皇帝御文华殿进讲，月凡三次（初二、十二、二十二），寒暑及有故暂免。

明代经筵仪制比日讲要隆重得多，由"勋臣一人知经筵事"，内阁辅臣或知经筵事或同知经筵事，"尚书、都御史、通政使、大理卿及学士等侍班，翰林院、春坊官及国子监祭酒二员进讲，春坊官二员展书，给事中、御史二员侍仪，鸿胪寺、锦衣卫堂上官各一员供事"，鸣赞。"礼部择吉请先期设御座于文华殿。"[②]文华殿虽比诸殿规模小，但特别精致，用绿色琉璃瓦盖成，左右为两春坊，也就是皇帝的便殿，经筵就在这里举行。中间设御座，龙屏南向，又设御案于御座之东，设讲案于御座之南。是日，司礼监太监先陈所讲四书经史各一册于御案，另一册置于讲官之讲案，讲官各撰讲章（讲义），置于册内。皇帝升座，知经筵及侍班等官于丹陛上五拜三叩头，然后开讲。

正月十六日，明神宗给知经筵官朱希忠、张居正及同知经

① 《张太岳集》上，奏疏，卷3，《请开经筵疏》，第50页。

② 《明史》卷55，《礼志九》，第1406页。

筵官吕调阳三人各一道敕谕，宣布定于二月初二举行经筵，命朱希忠、张居正、吕调阳分直侍讲，张居正、吕调阳及陶大临、丁士美、陈经邦、何雒文、沈鲤、许国，日侍讲读，要他们在讲解中明白敷陈，委曲开导，着重阐明理欲消长之端、政治得失之故、人才忠邪之辨、统业兴替之由。

二月初二日，神宗如期开经筵。

经筵仪式十分隆重而烦琐。仪式由鸿胪寺官员主持，当他宣布进讲后，一名讲官从东班出，另一名讲官从西班出，到讲案前北向并立，鞠躬、叩头，展书官上前展书，东班讲官至讲案前报告今日讲四书中的某一部，西班讲官报告今日讲经史中的某一部。这是遵照祖制：先四书而后经史，四书东而经史西。经筵官员们分东西两班侍立，都身穿大红袍，讲官的品级不齐，也一律穿大红袍，而展书官以下官员则穿青绿锦绣服。给事中、御史与侍仪官，东西各三人，站立一旁，以备观察。然后进讲。进讲完毕，鸿胪寺官员出班中跪，赞礼华，两班官员俱转身北向，拱听皇上吩咐："官人每吃酒饭！"全体下跪承旨。于是，光禄寺便在奉天门之东庑设宴款待参加经筵的官员们。按照惯例，皇帝赐宴以经筵最为精美，而且还允许各官带随从人员、堂吏及家僮，拿了饭盒框篮之类，收拾吃不完的酒菜，然后分班北向叩头谢恩而退。逢经筵之日，讲官们都事先在家中先将衣冠带履熏香，回家后即将衣冠带履脱下贮存，以示不敢亵渎之意。而且前一天必须斋戒沐浴，演习讲章至能背诵如流。

对于经筵，年幼的明神宗是既认真又严肃。他对于深奥难懂而又枯燥乏味的四书五经，居然端拱倾听，目不旁询，十分认真。第二天视朝完毕后，他来到文华殿，突然对张居正说："昨日经筵讲《大学》的讲官，差了一字，朕欲面正之，恐惧惭。"可见他听得多么仔细、认真，连讲官一个错字都没有逃过他的耳朵。这也难怪，那些讲官虽然连夜备课，背诵得滚瓜烂熟，但一上场，不免心慌紧张。张居正只好代讲官们请求宽恕："讲官密迩天威，小有差错，伏望圣慈包容。"又说："人有罪过，若出于无心之失，虽大，亦可宽容。"神宗回答道："然。"①

五月初二日，明神宗参加经筵完毕，对礼部下了一道谕旨："天又炎热，经筵暂免，日经照常行。以后经筵，春讲，二月十二日起，至五月初二日免；秋讲，八月十二日起，至十月初二日免。人为定例，不必一一题请。"②以后的日讲与经筵便照此规定进行。

作为老师，张居正对日讲与经筵的内容是再三筛选的，除了前面已经提及的一些内容外，张居正更加注意选择于治理国家有裨益的内容。例如他在《进讲〈贞观政要〉疏》中说：

　　今年《论语》讲完，明春该讲上《孟子》起，已经面奏

---

① 《万历起居注》，万历元年二月三日甲申。
② 《明神宗实录》卷13，万历元年五月辛巳。

外，惟是《通鉴》讲至宋徽宗，虽未全完，然自此以后，皆徽钦北狩、宋室南迁之事，无可以进讲者。查得隆庆五年先帝时，讲《通鉴》亦只至宋徽宗而止，以后即将《贞观政要》接讲。

臣等看得，《贞观政要》一书，乃唐太宗开创鸿业、身致太平之事，于君德、治道实为切要，拟于明春即以此书进讲。伏乞敕下司礼监，先以一部进上御览，仍发一部到阁，以便撰定讲章，庶来年开讲不致有误。①

对于日讲与经筵，明神宗也是认真对待的，讲读完毕常向阁臣提出一些疑问。

一次在文华殿讲读毕，他来到左室，观看孔子像，对阁臣提了一些问题。谈到周文王称事时，他问："安视膳？"阁臣肃然以对。谈到周公、孔子时，他又问："何以旁列？"阁臣答："二圣人皆人臣。"②可见，当时明神宗虽然只有十岁，但显然他是个很愿意思考、勤学的皇帝。

有一次，张居正向他进讲《帝鉴图说》，谈到宋仁宗不喜珠粉之事，他说："国之所宝，在于贤臣，珠玉之类，宝之何益！"张居正见他说得很有道理，便因势利导说："明君贵五谷而贱金玉。五谷养人，故圣王贵之；金玉虽贵，饥不可食，寒不可衣，铢两之间为价不资，徒费民财，不适于用。

①　《张太岳集》上，奏疏，附录《进讲〈贞观政要〉疏》，第353页。
②　《明神宗实录》卷6，隆庆六年十月乙卯。

故《书》曰：'不作无益害有益，不贵异物贱用物'，良以此耳。"

明神宗说："然！宫中妇女只好妆饰，朕于岁时赏赐，每每节省，宫人皆以为言。朕云：今库中所积几何？"

张居正感动得顿首说："皇上言及此，社稷神灵之福也。"

明神宗又谈及日前讲官所说秦始皇销毁兵器事，说："木棍岂不能伤人，何以销兵为？"

张居正答："为治唯在布德修政，以固结民心。天下之患，每有出于所防之外者。秦后来只因几个戍卒倡乱，斩木为兵，揭竿为旗，于是豪杰并起，遂以亡秦。所以说天时不如地利，地利不如人和。唯圣明留意。"

神宗说："然。"①

张居正见明神宗睿智日开，学业有所上进，便趁热打铁又上《进讲章疏》，他说：

> 臣等一岁之间，日侍皇上讲读。伏见圣修益懋，圣志弥坚，盛暑隆寒，缉熙罔间。臣等备员辅导，不胜庆幸。但惟义理必时习而后能悦，学问必温故而后知新。况今皇上睿明日开，若将平日讲过经书，再加寻绎，则其融会悟入，又必有出乎旧闻之外者。
>
> 臣等谨将今岁所进讲章，重复校阅，或有训解未莹者，增改数语；支蔓不切者，即行删除。编成《大学》一本，《虞

---

① 《明神宗实录》卷18，万历元年十月乙卯。

书》一本,《通鉴》四本,装潢进呈。伏望皇上万几有暇,时加温习,庶旧闻不至遗忘,新知日益开豁,其于圣躬,实为有补。以后仍容臣等接续编辑,进呈御览。仍乞敕下司礼监,镂板印行,用垂永久。虽章句浅近之言,不足以仰窥圣学精微之奥;然行远升高,或亦一助云尔。①

张居正想要明神宗明白,义理必时习而后能悦,学问必温故而后知新,要他将平日讲过经书,再加寻绎,融会悟入,增加新解。还将今年所进讲章重复校阅,编成《大学》一本,《虞书》一本,《通鉴》一本,装潢进呈,希望明神宗时加温习,以达到旧闻不至遗忘,新知日益开豁的目的。明神宗留下备览,仍命接续编进,刊版流传。

万历二年(1574年)正月初四日,张居正又向明神宗提出:"后日讲经书,比旧量增数句,其诵读生书,止于五遍,温书照旧三遍。"②

万历二年(1574年)四月,明神宗开始学习属对。属对即对课,是塾师教学生作诗的一种方法。教师出上句,学生作虚实平仄对应的下句,以练习对仗。这种文字音韵的基本训练,当时颇为文人所重视,明神宗也不例外。他每天要辅臣拟对句呈上,由他对应下句,然后交辅臣修改。四月初九

---

① 《张太岳集》上,奏疏,卷3,《进讲章疏》,第58页。
② 《明神宗实录》卷21,万历二年正月庚辰。

日，辅臣拟上联："天地泰"，他对下联："日月明"。张居正
高兴地引述前朝故事说：宣宗皇帝曾随成祖皇帝巡幸北京，
端午节在御苑中练习射柳，宣宗连发三箭皆中，成祖大喜。
骑射毕，成祖又出对："万方玉帛风云会"，宣宗应声对云：
"一统山河日月明"。成祖大喜，赏给宣宗名马一匹，及纶
丝纱布若干，还命随行儒臣赋诗以纪其事。当时，宣宗还仅
十五岁，真所谓天纵聪明。张居正由此联系到神宗第一次所
作对联，"适与宣宗皇帝所对相合，臣等不胜庆忭。"①

　　明神宗即位伊始，曾下诏在建文朝尽节诸臣家乡建告祠
庙祭祀，并颁布《苗裔恤录》，对他们的后裔给予抚恤；又在
南京建表忠祠，祭祀徐辉祖、方孝孺等人。看来，他对被明
成祖朱棣赶下台的建文帝颇有一点追怀景仰之情。万历二年
（1574 年）十月十七日，讲读完毕后，他在文华殿与辅臣从
容谈起建文帝之事，提出了一个思虑已久的问题："闻建文当
时逃免，果否？"寥寥数语，却揭示了明代历史上一桩无法搞
清楚的公案。

　　张居正对此也不甚了了，但既然明神宗问起，便如实回
答："国史不载此事，但先朝故老相传，言建文当靖难师入
城，即削发披缁从间道走出，后云游四方，人无知者。至正
统间，忽于云南邮壁上题诗一首，有'流落江湖数十秋'之
句。有一御史觉其有异，召而问之，老僧坐地不跪，曰：'吾

---

① 《明神宗实录》卷 24，万历二年四月癸丑。

欲归骨故国'。乃验知为建文也。御史以闻，遂驿召来京，入宫验之，良是。是时年已七八十矣。后莫知其所终。"①

关于建文帝的下落，众说纷纭，莫衷一是。这桩公案，当时人已搞不清楚，张居正当然只能姑妄言之。但明神宗并不把它当作传闻，姑妄听之完事。他兴致十足地必欲追根究底，竟要张居正把建文帝题壁诗《流落江湖数十秋》全章，统统背诵给他听。听罢慨然兴叹，又命张居正抄写进览。全诗如下：

> 沦落江湖四十秋，归来白发已盈头。
> 乾坤有恨家何在，江汉无情水自流。
> 长乐宫中云气散，朝元阁上雨声愁。
> 新蒲细柳年年绿，野老吞声哭未休。②

张居正遵命录其诗以进，但以为是萎靡之音，规劝皇上："此亡国之事，失位之辞，但可为戒，不足观也。臣谨录圣祖皇陵碑及御制文集进览，以见创业之艰难，圣谟之弘远"③。他不愿意小皇帝纠缠于建文帝这个复杂的是非人物，力图把他的注意力引开。

张居正所谓皇陵碑，就是开国皇帝明太祖朱元璋所写的

---

① 《明神宗实录》卷30，万历二年十月戊午。
② 《春明梦余录》卷70，《陵园》。
③ 《明神宗实录》卷30，万历二年十月戊午。

自传体碑文。这篇碑文，十分率直真切，毫不掩饰忌讳，叙述了他的家世及开国经过，用近乎口语的韵文写出，读来朗朗上口。

碑文中写到他家贫穷得父母病死无法安葬的事："殡无棺椁，被体恶裳。浮掩三尺，奠何殽浆"；写到他在皇觉寺当和尚，四方云游的生涯："众各为计，云水飘扬。我何作为，百无所长。依亲自辱，仰天茫茫。既非可倚，侣影相将。突朝烟而急进，暮投古寺以趋跄，仰穷崖崔嵬而倚碧，听猿啼夜月而凄凉。魂悠悠而觅父母无有，志落魄而央佯。西风鹤唳，俄渐沥以飞霜。身如蓬逐风而不止，心滚滚乎沸扬"；写到了小时放牛的伙伴汤和劝他投奔红巾军而踌躇再三的事："住方三载，而又雄者跳梁。初起汝颍，次及凤阳之南厢。未几陷城，深高城隍。拒守不去，号令彰彰。友人寄书，云及趋降。既忧且惧，无可筹详。傍有觉者，将欲声扬。当此之际，逼迫而已，试与知者相商。乃告之曰：果束手以待罪，亦奋臂而相戕。知者为我画计，且祷阴以默相。如其言往卜去，守之何详。神乃阴阴乎有警，其气郁郁乎洋洋。卜逃卜守则不吉，将就凶而不妨，即起趋降而附城，几被无知而创"[1]。碑文写得颇具个性，读来如见其人，如闻其声，确实是一篇不可多得的奇文。

---

[1]　《明太祖文集》卷14，第272页。

　　明神宗读了他的老祖宗写的《皇陵碑》，感慨系之。第二天在文华殿对张居正谈了他的读后感："先生，《皇陵碑》朕览之数遍，不胜感痛。"

　　张居正乘势引导："自古圣人受艰辛苦楚，未有如我圣祖者也。当此流离转徙，至无以糊口。仁祖、文淳皇后（按：指朱元璋的父母）去世时，皆不能具棺敛，藁葬而已。盖天将命我圣祖拯溺亨屯，故先使备尝艰苦。正孟子所谓动心忍性增益其所不能者也。故我圣祖自淮右起义师，即以伐暴救民为心。既登大宝，衣浣濯之衣，所得元人水晶宫漏，立命碎之；有以陈友谅所用镂金床者，即投于火。孝慈皇后（按：指朱元璋发妻马氏）亲为将士补缝衣鞋。在位三十余年，克勤克俭，犹如一日。及将仙逝之年，犹下令劝课农桑，各处里老、粮长至京者，皆召见赐官，问以民间疾苦。臣窃以为我圣祖以天之心为心，故能创造洪业，传之皇上。在皇上今以圣祖之心为心，乃能永保洪业，传之无疆。"张居正滔滔不绝地向小皇帝讲述这些历史，无非要他明白祖宗创业艰难，子孙守成不易。

　　当时，明神宗朱翊钧虽然还是个孩子，但长期在群臣熏陶下，似乎已经早熟，对此当然心领神会，便答应道："朕不敢不勉行法祖，尚赖先生辅导。"①

---

　　① 《明神宗实录》卷30，万历二年十月戊午。

在张居正的督导下，明神宗日渐明白了读书的好处。十月二十二日，当他赴文华殿讲读完毕，便对辅臣说："今宫中宫女、内官，俱令读书。"这比他的老祖宗朱元璋要高明多了。朱元璋即位后，为了防止宦官干政，不准他们读书识字，这其实是一种愚民政策。朱元璋根本不曾料到，在他的子孙后代当政时，宦官势力日趋嚣张。问题不在于是否读书识字，关键在于皇帝自身的治理能力。张居正深明个中利害关系，听了明神宗的这一主张，立即表示赞同："读书最好，人能通古今，知义理，自然不越于规矩。但此中须有激劝之方，访其肯读书学者，遇有差遣，或各衙门有管事缺，即拔用之，则人知奋励，他日人才亦如此出矣。"①

对于读书，少年明神宗是认真而用心的。有一天，讲读完毕，宦官拿了一本《尚书》，走近辅臣身边，翻开《微子之命》篇，指着黄纸条插入处，对辅臣说："上于宫中读书，日夕有程，常二四遍覆背，须精熟乃已。"辅臣及讲官听后，相顾惊异不已，连声称赞："上好学如此，儒生家所不及也。"②

有明一代列朝皇帝，大多对日讲、经筵之举马虎，敷衍了事。经筵有固定日期，而日讲则不拘日期，一切礼仪视经筵简单得多，仅侍班阁部大臣与词林讲官、侍书等供事。皇帝常借口身体不适，宣布暂停，值日词臣照例送上讲章，仅

---

① 《明神宗实录》卷 30，万历二年十月癸亥。
② 《明神宗实录》卷 40，万历三年七月丁未。

备皇上一览而已。而且，究竟"览"了没有，只有天晓得。明神宗则不然，一登基，就根据张居正的安排，每天天刚亮就到文华殿听儒臣讲读经书，少憩片刻，又御讲筵，再读史书，直至午膳后才返回大内。只有每逢三六九常朝之日才暂停，此外即使隆冬盛暑也不间断。如此坚持达十年之久，因而学问日新月异，成为明代诸帝中的佼佼者。时人惊叹道："主上早岁励精，真可只千古矣"①。此话并非全是阿谀奉承之词。

万历四年（1576年）三月初四日，明神宗至文华殿讲读，为了向元辅张先生显示他尊重师意，已将《大宝箴》背得滚瓜烂熟，便召见张居正。原先，明神宗只是把《大宝箴》作为习字影格。张居正对他说"此文于君德治道大有关切"②，并亲自写了一篇注解呈上，以供明神宗学习之用。张居正应召进来后，明神宗起立，高举《大宝箴》，递给张居正，然后背诵《大宝箴》全文，从头至尾，不漏一字。张居正接着进讲，明神宗听了大多能洞悉其微言大义。张居正所引用的琼宫、瑶台、糟丘、酒池等典故，明神宗也都能道出其由来、始末。

第二天，明神宗又到文华殿讲读。张居正向他进讲《帝鉴图说》。

当讲到唐玄宗在勤政楼设宴宠幸安禄山之事时，明神宗

---

① 《万历野获编》卷2，《冲圣日讲》，第64页。

② 《明神宗实录》卷48，万历四年三月丁酉。

看了"图说"上画有"勤政楼"三字，便说："楼名甚佳，乃不于此勤理政事，而俠乐宴饮，何也？"

张居正说："人情靡不有初，鲜克有终。故有始治而终乱，由圣而入狂者。古圣帝明王兢兢业业，日慎一日，盖虑克终之难也。玄宗不能常持此心，故及于乱。当时张九龄在开元中，知安禄山有反相，欲因事诛之，以绝祸本。玄宗不用其言，及乘舆幸蜀，乃思九龄先见，遣人至岭南祭之。"

明神宗说："即如此，亦悔无及矣。"

张居正又联系到本朝之事说："无论往代，即我世宗皇帝嘉靖初年，于西苑建无逸殿，省耕劝农，欲以知王业艰难。又命儒臣讲《周书·无逸篇》，讲毕，宴文武大臣于殿中。至其末年，崇尚焚修，圣驾不复临御殿中，徒用以誊写科书、裱褙玄象而已。昔时勤民务本气象不复再见，而治平之业亦寝，不如初。夫以世宗之明犹然有此，以是知克终之难也。昨讲《大宝箴》云：'民怀其始，未保其终'，亦是此义。"[1]

张居正循循善诱，希望皇上不要像唐玄宗、明世宗那样，"靡不有初，鲜克有终"。明神宗也表示了"嘉纳"之意。不曾料到这一历史也会应验在了他身上。此是后话，在此不述。

在张居正的严格教育、引导下，少年明神宗的学业进步神速。

在诗词方面，少年时，明神宗写过一首《咏月诗》：

---

① 《明神宗实录》卷48，万历四年三月戊戌。

团圆一轮月，清光何皎洁。

惟有圣人心，可以喻澄澈。①

此诗颇见文字功力，对于当时的少年皇帝来说，是很不易的。

在书法方面，明神宗写得一手好字。他的书法，初摹赵孟頫，后好章草。因为他的字写得好，因此后人传言，文华殿的匾额："学二帝三王治天下大经大法"，是神宗御笔。《定陵注略》这么说，《实录》也这么说。一个十岁少年能写如此擘窠大字，实属不易。

隆庆六年（1572 年）十一月十日，明神宗在文华殿讲读毕，突发兴致，当场提笔写了几幅盈尺大字，赏赐给辅臣，给张居正的是"元辅"及"良臣"，给吕调阳的是"辅政"②。张居正接到皇上的宸翰，激动不已，特地上疏称赞他字写得好，"笔意遒劲飞动，有鸾翔凤翥之形"，"究其精微，穷其墨妙，一点一画，动以古人为法"③，对明神宗的天纵睿资表示钦佩。不久，明神宗又引用《尚书·说命》篇赞美宰辅大臣功业的词句，写了"尔惟盐梅""汝作舟楫"大字二幅，命文书房宦官王宦送到内阁，赐给张居正。张居正再次上疏称

---

① 《定陵注略》卷 1，《圣明天纵》。

② 《明神宗实录》卷 7，隆庆六年十一月壬辰。

③ 《张太岳集》上，奏疏，卷 2，《谢御笔大书疏》，第 43 页。

赞皇上"宝墨淋漓""琼章灿烂"①。

万历二年（1574年）三月某天，明神宗当面对张居正说："朕欲赐先生等及九卿掌印并日讲官，各大书一幅，以寓期勉之意。先生可于二十五日来看朕写。"到了二十五日，讲读完毕，张居正等一行来到文华殿，但见太监捧泥金彩笺数十幅，明神宗纵笔如飞，大书"宅揆保衡""同心夹辅"各一幅，"正己率属"九幅，"责难陈善"五幅，"敬畏"二幅，"字皆逾尺，顷刻即就"②。次日（二十六日），是视朝的日子，早朝后，明神宗郑重其事地命司礼监太监曹宪在会极门颁发御书，把"宅揆保衡"一幅赐给张居正，"同心夹辅"一幅赐给吕调阳，"正己率属"九幅赐给六部、都察院、通政司、大理寺掌印官，"责难陈善"五幅赐给日讲官，"敬畏"二幅赐给正字官。③张居正事后称颂明神宗"翰墨之微"，"臻夫佳妙"，"二十余纸，八十余字，咄嗟之间，播笔立就。初若不经意，而锋颖所落，奇秀天成"④。

但当时的明神宗毕竟还是个孩子，字写得好，未免沾沾自喜，这本来也是人之常情。但张居正却为此感到焦虑。万历二年（1574年）闰十二月十七日，明神宗讲读毕，召张居正至暖阁，又挥笔写了"弼予一人永保天命"八字，赐给张

---

① 《张太岳集》上，奏疏，卷2，《再谢御书疏》，第44页。

② 《明神宗实录》卷23，万历二年三月庚子。

③ 《明神宗实录》卷23，万历二年三月辛丑。

④ 《张太岳集》上，奏疏，卷3，《谢御笔大书疏》，第60页。

居正。次日，张居正上疏委婉地劝导明神宗，要他不必过分花费精力于书法。他先是肯定明神宗数年以来留心翰墨，现已笔力遒劲，体格庄严，虽前代人主善书者无以复逾。接下来话锋一转，说"帝王之学，当务其大者"，便举汉成帝知音律能吹箫度曲，六朝梁元帝、陈后主，隋炀帝，宋徽宗、宋宁宗，皆能文章善画，然无救于乱亡。他规劝明神宗，"宜及时讲求治理，以圣帝明王为法。若写字一事，不过假此以收放心，虽直逼钟、王，亦有何益？"① 话说得直截了当，也很不客气，显示了这位权臣的铁腕、刚直性格。诚然，话是不错的，作为皇帝应该把精力放在大事上，书法再好，对于治国平天下毕竟无所裨益。何况有前车之鉴，汉成帝、梁元帝、陈后主、隋炀帝、宋徽宗、宋宁宗之流，莫不小有才华，却于朝政无补，明神宗当然不能陶醉于书法。不过，这对于一个正在热心求学的少年而言，未免过于苛求。然而，皇帝终究是皇帝，未可与常人一般顺其天性行事。尽管皇帝权大无边，却受着无形的拘束。

针对明神宗热衷于书法一事，张居正又特上《文华殿论讲学疏》，要求明神宗"请自来年为始，停罢写字"。疏中说：

> 向者皇上御极之始，方在冲年，臣等请每日写仿一张，不独欲学习书写，亦欲借此收敛身心，为讲学之助。然此实

---

① 《明神宗实录》卷33，万历二年闰十二月丁亥。

小学之事，非大学之道也。今皇上圣龄已长，圣学日进，正宜及时讲求治理，从事于圣贤大学之道；学书写字，非其所急也。况今御书宸翰，已为妙绝，若再求精工，即使书逼钟、王，亦于治理无益。

臣等请自来岁为始，停罢写字。每日早讲之后，容臣等将各衙门紧要章奏面奏数本，摘其中紧关情节，逐一讲说，要见祖宗法度如何，见今事体如何，某事便益合当举行，某事弊坏合当厘正，今当作何处分，应何批答。皇上或面赐质问，令臣等反复开陈，或试言圣意所出，与臣等商榷可否，议定然后行之。臣等亦可随事纳忠，陈其狂瞽。皇上天纵聪明，不久必能通达。自是亲决万几，独运宸断，举而措之，无难矣。

又惟帝王之学与儒生异，只要讲明义理，知古今治乱、安危之所繇，不在诵读。且见今所讲经书，皇上皆已熟读数过，今后讲官止令照常进讲，不必先读。其中或有疑义，皇上不妨面问，令讲官通俗讲解，务期明白，或讲官一时仓卒，词理未畅，臣等当从旁代对，罄竭其愚。皇上既讲明义理，又通达政事，则于治天下何有？惟圣明留意。①

对于张居正明确的反对意见，明神宗也许心中并不赞成，但不敢公开反对。他御批曰："先生每说的是。朕回官奏知圣

---

①　《张太岳集》上，奏疏，附录《文华殿论讲学疏》，第310页。

母，待来年行。"①

因此一事后，明神宗便不再轻易以书法赏赐大臣了。

总的看来，张居正对少年万历皇帝的培养是成功的，起码在万历初十年，明神宗尚能勤奋学习，兢兢业业，克己尊师，尽心为政的。这从万历三年（1575 年）壬申，明神宗所书"谨天戒、任贤能、亲贤臣、远嬖佞、明赏罚、谨出入、慎起居、节饮食、收放心、存敬畏、纳忠言、节财用十二事于座右，以自警"②的事例就多少可以看到答案，这显然是张居正所要求的结果。不过，作为老师，张居正对于明神宗这位特殊的学生的教育也存在过于严厉、用自己的方式去强迫这位少年天子去完全接受他的价值观念等问题，从而引发明神宗的反感，这也是张居正死后被问罪的原因之一。

---

① 《张太岳集》上，奏疏，附录《文华殿论讲学疏御批》，第 310 页。
② 《明史》卷 20，《明神宗本纪一》，第 263 页。

第六章　针对官吏不作为的猛药

　　张居正政治改革以"尊主权、课吏职、信赏罚、一号令"为核心。即以尊君为号召，加强中央威信，集权于内阁，整顿统治秩序，提高各级政府的办事效率，由内阁层层控制从中央到地方的各级行政机构，以从组织上保证新政的顺利进行。万历元年（1573年）六月，张居正颁布考成法，以加强对各级、各地官员的行政业绩督察与考核。具体做法是，内阁严密掌控吏、户、礼、兵、刑、工六科，落实六科一一对应于六部的监察、督促职能，同时要求六部督察下属各司及各地按抚官员，以此形成一个庞大、周密的行政监察系统。在此系统内，各级、各地衙门承办的行政事务，拟办的公事一律一式三份登记造册，分别存查和送六科备案、送内阁考查。无论大小事务，件件有落实，事事有检查，严立限期责令完成，然后按登记册籍逐一注销，有违限期或欺骗隐瞒的，从严查处。考成按月，每年总结，即"月有考，岁有稽"，以加强监督来提高行政效率。同时在考成中不断更新官员队伍，以"安静宜民"为标准，对官吏逐级考核，裁汰冗员不职者，奖励廉能，注意选拔人才，不追求声名，不尽拘于资格，对下僚、生员中之才德出众者，大胆提拔重用，以提高官员队伍的素质，把他们作为推行改革的重要政治力量。

一、核名实　课吏职

高拱被逐后，张居正成为内阁元辅。

从隆庆六年（1572年）六月到万历三年（1575年）八月，同在内阁与张居正共事的，仅吕调阳一人。其后，阁臣虽先后增加了张四维、申时行、马自强。但是，迄万历十年（1582年）六月张居正去世，朝廷大事无一不取决于张居正一人，其他阁臣皆无实权。

万历初期，两宫皇太后与明神宗放手让张居正理政，所谓"中外大柄悉以委之"。对于这种殊遇，张居正十分感动，也十分激动。他决心抓住这个千载难逢的机遇实现自己治国理政的抱负。这种心情在万历五年（1577年）八月他给明神宗上的《纂修书成辞恩命疏》可以看得很清楚。在上疏中，张居正向明神宗表白他为了新政不惜鞠躬尽瘁的内心世界，他说：

臣以羁单寒士，致位台鼎。先帝不知臣不肖，临终亲握臣手，属以大事。及遭遇圣明，眷倚弥笃。宠以宾师之礼，委以心膂之托。渥恩殊锡，岂独本朝所无，考之前史，亦所希观。每自思惟，古之节士感遇知己，然诺相许，至于抉面碎首而不辞，既已存亡死生矣，而犹不矜其能，不食其报，况君臣分义，有不可逃于天地之间者乎？用是盟心自矢，虽才薄力偻，无能树植鸿巨，以答殊眷。惟于国家之事，不论大小，不择闲剧，凡力所能为，分所当为者，咸愿毕智竭力以图之。嫌怨有所弗避，劳瘁有所弗辞。惟务程功集事，而不敢有一毫觊恩谋利之心。①

为了贯彻自己在《论时政疏》《陈六事疏》中所描绘的新政主张，张居正当仁不让，"帝虚已委居正，居正亦慨然以天下为己任"②。他不遗余力，遵循申、韩法治思想，综核名实，信赏必罚，雷厉风行，大刀阔斧，"扫除廓清，大破常格"，无所顾忌。其一往无前的政治家魄力，不尚空谈躬行实践的施政绩效，在明代历史上罕见其匹。正如王世贞所言："居正之为政，大约以尊主权、课吏实、明赏罚、一号令，万里之外，朝下而夕奉行，如疾雷迅风，无所不披靡。"③

在李太后与明神宗的大力支持下，万历新政从政治改革入手，渐次展开。

---

① 《张太岳集》上，奏疏，卷5，《纂修书成辞恩命疏》，第112页。
② 《明史》卷213《张居正传》。
③ 《嘉靖以来首辅传》卷7《张居正传》。

万历新政是从集中精力整饬政治，改变颓风，更新官场不作为气象开始的。

张居正在政治方面的改革是以整顿吏治为重点，目的是加强中央集权，提高朝廷办事效率，以改变明王朝长期积存下来的文恬武嬉、政务懈怠的现象。在张居正看来，吏治败坏是造成"国匮民穷"的重要原因。他说："自嘉靖以来，当国者政以贿成，吏胺民膏以媚权门，而继秉国者又务一切姑息之政，为逋负渊薮，以成兼并之私。私家日富，公室日贫，国匮民穷，病实在此。"① 官吏是连接君权与百姓的桥梁，吏治好坏直接影响政治秩序的稳定与民心的取向。据此，张居正提出"致理之道，莫急于安民生；安民之要，惟在于核吏治"②，将整顿吏治作为施政的核心。

隆庆六年（1572 年）七月，张居正代明神宗拟写了对文武群臣的戒谕。他在向明神宗说明其宗旨时，这样写道："人心陷溺已久，宿垢未能尽除，若不特行戒谕，明示以正大光明之路，则众心无所适从，化理何由而致？"③

七月十六日早朝，明神宗特召吏部官捧出戒谕宣读。

首先，明神宗对目前吏治败坏的现象提出了批评：

---

① 《张太岳集》中，书牍，卷6，《答应天巡抚宋阳山论均粮足民》，第128页。
② 《张太岳集》上，奏疏，卷3，《请定面奖廉能仪注疏》，第59页。
③ 《张太岳集》上，奏疏，卷2，《请戒谕群臣疏》，第26页。

皇帝敕谕文武群臣：盖闻理道之要在正人心，劝阻之机先示所向。朕以冲幼获嗣丕基，夙夜兢兢，若临渊谷。所赖文武贤臣同心毕力，弼予寡昧，共底升平。乃自近岁以来，士习浇漓，官方刓缺，钻窥隙窦，巧为躐取之媒，鼓煽朋俦，公事挤排之术，诋老成廉退为无用，谓谗佞便捷为有才。爱恶横生，恩仇交错，遂使朝廷威福之柄，徒为人臣酬报之资，四维几至于不张，九德何由而咸事。

其次，明神宗表示了朝廷欲廓清的决心：

朕初承大统，深烛弊源，亟欲大事芟除，用以廓清氛浊，但念临御兹始，解泽方覃，铦锄或及于芝兰，密网恐惊乎鸾凤，是用去其太甚，薄示戒惩，余皆曲赐矜原，与之更始。《书》不云乎："无偏无党，王道荡荡，无党无偏，王道平平。"朕方嘉与臣民，会归皇极之路，尔诸臣亦宜痛湔宿垢，共襄王道之成。自今以后，其尚精白乃心，恪恭乃职，毋怀私以罔上，毋持禄以养交，毋依阿淟涊以随时，毋噂沓詀譬以乱政。任辅弼者当协恭和衷，毋昵比于淫朋，以塞公正之路。典铨衡者当虚心鉴物，毋任情于好恶，以开邪枉之门。有官守者，或内或外，各宜分猷念以济艰难。有言责者，公是公非，各宜奋谠直以资听纳。大臣当崇养德望，有正色立朝之风；小臣当砥砺廉隅，有退食自公之节。庶几朝清政肃，道泰时康，用臻师师济济之休，归于荡荡平平之域；尔等亦皆垂功名于竹帛，绵禄荫于子孙，顾不美钦？

最后，明神宗对群臣提出了警告：

> 若或沉溺故常，坚守途辙，以朝廷为必可背，以法纪为必可干，则我祖宗宪典甚严，朕不敢赦。百尔有位，宜悉朕怀，钦哉故谕。[①]

张居正凭借内阁元辅代帝拟旨的职权，把自己"大事芟除，廓清氛浊"的思想变成了明神宗的旨意，告诫各级官员崇养德望，砥砺廉隅。在造成了整饬吏治的气氛以后，张居正在万历元年（1573 年）六月，正式提出整顿吏治的有力措施——考成法。

在中国古代传统的官僚政治时代，政府职能的运作，在很大程度上仰赖于公文的传递与处理，一言以蔽之，那是一种公文政治，极易孳生官僚主义、文牍主义、形式主义、不作为主义等弊端。例如：六部、都察院有复奏，而发至地方巡抚、巡按复勘时，地方官或是考虑到事情不易行，或是有所按核，或是两方各质一词要加以对质，大多以私相轧，扣押公文，拖延至数十年而不决，终于不了了之，搁置起来成为一堆废纸。这种情况，到明中后期时，已经十分严重。更严重的是，张居正执政伊始，他所面临的是一个"人心怠玩，

---

① 《张太岳集》上，奏疏，卷 2，《请戒谕群臣疏》，第 27 页。

法纪废弛"①的纪纲紊乱的糟糕局面。

有鉴于此,张居正检讨了近年来各级衙门章奏中反映出来的种种积弊:"章奏繁多,各衙门题覆,殆无虚日,然敷奏虽勤,而实效益少"。例如"言官议建一法,朝廷曰可,置邮而传之四方,则言官之责已矣,不必其法之果便否也";"部臣议厘一弊,朝廷曰可,置邮而传之四方,则部臣之责已矣,不必其弊之果厘否也"。又如"某罪当提问矣,或碍于请托之私,概从延缓";"某事当议处矣,或牵于可否之说,难于报闻";"征发期会,动经岁月。催督稽验,取具空文。虽屡奉明旨,不曰'着实举行',必曰'该科记着'"。因此,"上之督之者虽谆谆,而下之听之者恒藐藐"。张居正对此种官场不作为的冗风极为不满,他甚至引用民间鄙谚加以比喻:"姑口顽而妇耳顽",说"今之从政者,殆类于此。欲望底绩而有成,岂不难哉!"②

国家行政萎靡不振到这种地步,不整顿还当了得!

张居正还提到,隆庆年间他写的《陈八事疏》,内有"重诏令"一款,曾对此有所议论。随后吏部发文,欲各衙门皆立勘合文簿,下达各地巡抚、巡按官,公文处理皆明立程限,责令完报。但是,没有听说各衙门有如期执行者,仍寝格如初。对于这种积重难返的官场积弊,张居正忍无可忍,认为是违反《大明会典》所规定的祖宗成宪。因此,必须制定一

---

① 《张太岳集》上,附录《请申严巡禁疏》,第257页。

② 《张太岳集》上,奏疏,卷3,《请稽查章奏随事考成以修实政疏》,第54页。

种明确可行又易于检查监督的管理制度，这就是他治理官吏不作为的猛药——考成法。

万历元年（1573 年）十一月，张居正上疏明神宗，提出对官员实施考成法。

考成法就是从重臣开刀，从上到下整治朝臣争权夺势、玩忽职守、拖拖沓沓的腐败作风。张居正说，朝野之所以泄沓成风，政以贿成，民不聊生，皆因"吏治不清"。因而必须用"课吏职"对朝臣进行政绩考核，优胜劣汰。比如说，六部和都察院对官员本职工作中需要解决的事，必须定下解决期限，也就是立下保证，保证在规定时间里解决问题。而这份保证，必须分别登记在三本账簿上，一本由六部和都察院留底，另一本送去六科，最后一本则要呈给内阁，以便于层层监督和考核。对于多长时间进行一次检查考核，考成法也有严格规定。比如，六部和都察院逐月根据账簿登记进行检查，未兑现承诺者，必受重罚；六部和都察院每半年将执行情况汇总给六科，由六科根据原始登记情况与汇总过来的执行情况进行对比，发现未兑现承诺，且未受到处罚者，不管是处罚人还是被处罚人，都将受到严惩；六科每年上报内阁一次，内阁再根据原始登记与六科上报的执行情况做对比，违反者不仅要严惩，而且还会影响其升职和俸禄的发放。

当然，六科内部也要按月、按旬进行考核，赏罚分明。对六科的考核由内阁进行。简单来说就是"打铁还需本身硬"，六部、都察院、六科、内阁等权力中心部门必须严格要求自己。

这种制度一旦制定，且被严格执行，便能有效避免官官相护，也能提高各部门的办事效率。

其实，对官吏实施政绩考核，在明朝早期就有了。依照明制，京官每六年京察一次，地方官每三年"大计"一次。不过，这种制度除了间隔时间过长外，还因执行过程中执行力度不够，大多流于形式，甚至成为官员们争权夺利的手段，失去了原本的意义。

张居正之所以主张采用考成法，就是因为他看出了官员考察制度的混乱和弊端让政令无法得到有效传达和执行。

张居正向明神宗申请：

> 请自今伊始，申明旧章。凡六部、都察院，遇各章奏，或题奉明旨，或覆奉钦依，转行各该衙门，俱先酌量道里远近，事情缓急，立定程期，置立文簿存照，每月终注销。除通行章奏，不必查考者，照常开具手本外，其有转行覆勘，提问议处，催督查核等项，另造文册二本，各注紧关略节，及原立程限。一本送科注销，一本送内阁查考。该科照册内前件，逐一附簿候查，下月陆续完销。通行注簿，每于上下半年缴本。类查簿内事件，有无违限未销。如有停阁稽迟，即开列具题候旨，下各衙门诘问，责令对状。次年春夏季终缴本，仍通查上年未完。如有规避重情，指实参奏。秋冬二季，亦照此行。又明年仍复挨查，必俟完销乃已。若各该抚按官奏行事理，有稽迟延阁者，该部举之。各部院注销文册，有容隐欺蔽者，科臣举之。六科缴本具奏，有容隐欺蔽

者，臣等举之。如此，月有考，岁有稽，不惟使声必中实，事可责成，而参验综核之法严；即建言立法者，亦将虑其终之罔效，而不敢不慎其始矣。致理之要，无逾于此。伏惟圣明裁断施行，臣等不胜大愿。①

考成法规定，凡六部、都察院将各类章奏及圣旨，转行给各该衙门，都事先酌量路程远近、事情缓急，规定处理程期，并置立文簿存照，每月底予以注销。除通行章奏不必查考者之外，其他转行覆勘、提问议处、催督查核等公文，另造处理文册两本，注明公文内容提要及规定处理程限，一式二份，一份送六科注销，一份送内阁查考。六科据此逐一候查，下月陆续完销。上下半年各总结汇查一次，类查簿内事件有无违限未予注销。如有耽搁拖延，即开列上报，并下各衙门诘问，责令其讲明原委。次年春夏季再次通查上年未处理完的事件，秋冬二季也照此进行，直到查明完销为止。如有不照此规定执行的衙门、官员，必加追究。巡抚、巡按拖延耽搁，由六部举报；六部、都察院在注销文册时容隐欺蔽，由六科举报；六科缴本具奏时容隐欺蔽，由内阁举报。如此，月有考、岁有稽，使声必中实，事可责成。

这样就形成了一个考成系统：以内阁稽查六科，六科稽查六部、都察院，六部、都察院稽查巡抚、巡按。确立一个健

---

① 《张太岳集》上，奏疏，卷3，《请稽查章奏随事考成以修实政疏》，第55页。

全的行政及公文运作系统。在这个系统中最关键的是六科。所谓六科，原本是朱元璋在废除宰相后为监督六部而创设的一个衙门机构，是指设立于洪武六年（1373 年）的吏、户、礼、兵、刑、工六科，各设给事中，辅助皇帝处理章奏，稽察驳正六部之违误。六部尚书是二品衔，六科都给事中仅七品衔，但对六部的封驳、纠劾权却操在六科手中，以小官钳制大官，以六科监察六部，这是明朝的创制。张居正则把六科的这种职能予以扩大，并且直接向内阁负责，成为内阁控制政府各部门的重要助手，这实际上是恢复了秦汉时期的宰相权力。张居正任内阁首辅时期，他的权力甚至大于中国历史上任何一朝的宰相，有点类似周公摄政的状态。

张居正曾经说过："臣等窃闻尧之命舜曰：'询事考言，乃言底可绩。'皋陶之谕治曰：'率作兴事，钦哉！屡省乃成。'盖天下之事，不难于立法，而难于法之必行；不难于听言，而难于言之必效。茍询事而不考其终，兴事而不加屡省，上无综核之明，人怀苟且之念，虽使尧舜为君，禹皋为佐，恐亦难以底绩而有成也。"[1]现在他创制了，这是他有名的考成法。根据这种考核办法，事情开始变得简单而易行，他只要各衙门分置三本账簿。一本记载一切发文、收文、章程、计划，这是底册。在这许多项目之中，把例行公事无须查考

---

[1] 《张太岳集》上，奏疏，卷3，《请稽查章奏随事考成以修实政疏》，第54页。

的概行剔除以外，再同样造成两本账簿：一本送各科备注，实行一件、注销一件，如有积久尚未实行，即由该科具奏候旨；一本送内阁查考。张居正的综核名实，能够扫除万历初年官场积存的拖沓之风，最得力的还是这三本账簿。考成法一个最大的好处就是通过有效的层层监督网络，用几个小公文簿理顺了政事，不用花费很大气力就使政令顺利推行。

张居正是一个务实的政治家，他知道政务的办不通不是机构的缺乏，所以他不主张增加新的行政机构。他也知道公文政治不能打倒公文政治，所以他不主张提出新的法令、章程，增加纸笔的浪费，他只要清清白白的一个交代。办法在纸上说过了，究竟办到没有？他要在各科的账簿上切实注明。在内阁里，他自己也有账簿，可以随时稽考。他以六科控制六部，再以内阁控制六科，这样大权就归于内阁。过去六部和六科都对皇帝负责，现在内阁要先控制六科并通过六科控制六部，内阁就剥夺了一部分皇权，因此这一时期内阁也是明代权力最大的时期。——这就是张居正的政治系统。①

明神宗对这种考核官员标准完全同意，他在张居正的奏疏上批示道：

> 卿等说的是，事不考成，何由底绩？这所奏，都依议行。其节年未完事件，系紧要的，着该部院另立期限，责令

---

① 参见朱东润著：《张居正大传》，湖南人民出版社 2013 年版，第 146、147 页。

完报。若不系钱粮紧要及年远难完的，明白奏请开除，毋费文移烦扰。①

皇帝批准后，新政大权集于内阁，于是张居正政令必责实效，从六部到地方政府，办理公文，必须按时查考，所谓月有考、岁有稽，以求法之必行，言之必效，朝下令而夕奉行，政体为之肃清。

考成法推行的效果究竟如何？

从明史的记载来看，考成法确实起到了整肃官场风气，提高了行政效率的作用。自考成法实施后，官吏"一切不敢饰非，政体为肃"②，从而为肯干事、会干事、巧干事、能干事的清廉能臣脱颖而出提供了环境和机会，也使愚懒平庸甚至贪赃枉法的污吏无所遁形。张居正在严格业绩考核的基础上，大刀阔斧裁汰冗员，提拔或破格提拔了一批忠诚于朝廷、有真才实学的官员，故世称居正知人。

据万历六年（1578 年）正月户科给事中石应岳（字钟质，号介峰，福建龙岩人）等的报告，"自考成之法一立，数十年废弛丛积之政，渐次修举。今逾岁终，例当纠举。臣等节据吏部等衙门开报……逐款稽查，共一百三十七事，计抚按诸臣胡执礼、郑国仕等七十六员，完报俱属愆期，法当参奏。但

---

① 《张太岳集》上，奏疏，卷 3，《请稽查章奏随事考成以修实政疏》，第 55 页。
② 《明史》，卷 213，《张居正传》，第 5645 页。

其中接管有先后，历任有浅深，伏乞圣明区别多寡，量加罚治一二"。明神宗批复："这各官且饶这遭。今后查参考成，还要分别在任久近议罚。"①可见考成法的实施是认真的，有成效的。不过也可以看到，在一百三十七件中有七十六人愆期，比例超过一半，说明明代中期官场拖沓风气已经是积重难返，骤然皆绳之以法，必然是一场政坛大地震，谈何容易！在传统政治中，官僚主义、文牍主义、形式主义、拖沓风气是顽固而保守的陈年积习，只能限制，难以铲除。无论监察部门议建一法，抑或行政部门议厘一弊，习惯程序是：写一公文，上报朝廷，获得批准后，通过邮递部门传之四方，便算大功告成。至于各衙门是否照办，办得成效如何，根本不闻不问。于是，一批批公文从京师发出，经过长途跋涉的公文旅行，进入各级衙门以后，便束之高阁，一一归档，并不着实奉行。因循，积习，年久日深，政治效率必然是严重下降。张居正欲要扫除廓清，严加整顿，给各级官僚施加压力，不得再像往昔那样混日子不作为，其阻力之大固不待言。

从宏观视角来看，考成法只是张居正整顿吏治的一个方面。他按照综核名实、信赏必罚原则，强调公铨选、专责成、行久任、严考察的原则行施对百官的考察。

所谓"公铨选"，是官员的用舍进退，一以功实为准，不徒眩虚名，不尽拘资格，不摇之毁誉，不杂之爱憎，不以一

---

① 《明神宗实录》卷71，万历六年正月乙巳。

事概生平，不以一眚掩大节。张居正用人先求其平淡，而后
求其聪明，以能办事为主，不计较其他，故才路大开，不觉
人才匮乏。事实上，万历初期，无论文臣还是武将，都是人
才辈出，硕果累累。

所谓"专责成"，是既用一人，便假以事权，俾得展布；勤
加指导，俾可成就；笃于信任，俾免沮丧。人臣能具诚担任，
是国家之宝，能够荐达、保护，即使蒙嫌树怨，亦所不避。

所谓"行久任"，是官员必须久任，才能熟习事理，善
于行政，否则，事之成效难见，贤否难分，无从综核名实。
他反对官不久任，事不责成，更调太繁，迁转太骤，资格太
拘，毁誉失实。

所谓"严考察"，是定期考察或随事考成或探访告诫。定
期考察即一定期限届满时，考察官员政绩，以定升降去留。
京官六年一考察，外官三年一考察，谓之京察、外察。随事
考成即对于每件公事要限期办完，不得拖延推诿。探访告诫
即对中外大臣之奏报是否符合事实，必加以探访，以减少官
样文章，隐瞒不报，或奏报不实，严加惩处。在张居正的扫
除廓清，大破常格的政治革新中，造成了一种雷厉风行的氛
围，大小臣工，鳃鳃奉职，中外淬砺，莫敢有偷心。这应该
说是了不起的成功。①

此外，对当时官场中沿习成风的假公济私、章法混乱、

① 参见樊树志著：《万历传》，第80—84页。

有章不循的政治壅塞状况，张居正也大刀阔斧地进行整顿与改革。以驿递的改革为例，驿递是明王朝的一种交通制度。从京师到各省的交通干线上都设有驿站。驿站中的车、马、驴、船等交通工具都征自民间，马夫、船夫也派自民间。明初只有军国大事才能使用驿站，后来几乎各级官吏都可以使用。他们到驿站后又任意勒索，驿递制度渐渐地成为一项扰民的苛役。万历三年（1575年），张居正提出了整顿驿递的方案，对勘合的发行、管理及驿站的使用章程等重新进行了规定。张居正针对驿递害民的状况，对驿递制度进行了整顿，严格"勘合"的发放制度。官员不是公事，则一律不能使用驿站。各地官员不许托故远行参谒，官员丁忧、给由、升转、改调、到任均不能使用驿站。同年，张居正又规定自京师出差外省者，回京之日须缴还勘合；无须回京者，即将勘合缴至所到省之抚、按衙门，年终一并回讫兵部。有自外省入京者，则由各省抚、按衙门签发外勘合，至京后一并交兵部，其中要回省者，再由兵部另行颁发内勘合。张居正对驿递制度的整肃，由于有考成法的监督约束，推行顺利，既减轻了交通干线百姓之苦，又澄清了腐败的吏风。张居正本人更是身体力行，首先从自己做起。他的儿子回江陵应试时，他吩咐儿子自己雇车上路；父亲过生日，他打发仆人背着贺寿礼品，骑驴回家祝寿。万历八年（1580年），其弟居敬病重，返乡里调养，保定巡抚张卤发给勘合，张居正当即封还，并致函云："仆忝在执政，欲为朝廷行法，不敢不以身先之……

望俯谅鄙愚，家人往来，有妄意干泽者，即为擒治，仍乞示知，以便查处，勿曲徇其情，以重仆违法之罪也。"①体现了作为政治家的张居正秉公执法，严于律己的为政品格。

二、禁私学　抑异说

为了革新政治，育养人才，万历三年（1575 年）五月，张居正向明神宗进《请申旧章饬学政以振兴人才疏》，比较完整地阐述了他的整顿教育的主张。

在这篇上疏中，张居正首先指出了督学之臣的重要性。他说："窃惟养士之本，在于学校；贞教端范，在于督学之臣。我祖宗以来，最重此选。非经明行修、端厚方正之士，不以轻授；如有不称，宁改授别职，不以滥充。"

其次，他批评了"督学之臣"所存在的不正之风。然"近年以来，视此官稍稍轻矣，而人亦罕能有以自重。既无卓行实学，以压服多士之心，则务为虚谭贾誉，卖法养交。甚者，公开幸门，明招请托。又惮于巡历，苦于校阅，高座会城，计日待转。以故士习日敝，民伪日滋。以驰骛奔趋为良图，以剽窃渔猎为捷径。居常则德业无称，从仕则功能鲜效。祖

---

① 《张太岳集》中，书牍，卷 12，《答保定巡抚张浒东》，第 263 页。

宗专官造士之意，骎以沦失，几具员耳"①。

最后，他充分看到了廓清此弊端的困难性。冰冻三尺非一日之寒。有些是传统旧习，有些是时代熏陶，要想凭一时之努力，有所厘革，有所整顿，扫除廓清，是很困难的。"良以积习日久，振蛊为艰；冷面难施，浮言可畏。奉公守法者，上未必即知，而已被伤于众口；因循颓靡者，上未必即黜，而且博誉于一时。故宁抗朝廷之明诏，而不敢挂流俗之谤议；宁坏公家之法纪，而不敢违私门之请托"。张居正感慨系之地一言以蔽之："盖今之从政者，大抵皆然，又不独学校一事而已！"②对今之从政者能作如此这般估价，洞察力是深刻的，鞭辟入里，惊世骇俗。这是张居正实施新政的出发点，无怪乎他一再强调要矫枉过正，实在是积习太深，不过正就不能矫枉。

为了整顿教育，张居正制定了十八条规章。内容如下：

一、圣贤以经术垂训，国家以经术作人。若能体认经书，便是讲明学问。何必又别标门户，聚党空谭。今后各提学官督率教官生儒，务将平日所习经书义理，着实讲求，躬行实践，以需他日之用。不许别刱书院，群聚徒党，及号招他方游食无行之徒，空谭废业，因而启奔竞之门，开请托之

---

① 《张太岳集》上，奏疏，卷4，《请申旧章饬学政以振兴人才疏》，第76页。
② 《张太岳集》上，奏疏，卷4，《请申旧章饬学政以振兴人才疏》，第76页。

路。违者，提学御史听吏部、都察院考察奏黜；提学按察司官听巡按御史劾奏；游士人等，许各抚、按衙门访拏解发。

一、孝弟廉让，乃士子立身大节。生员中有敦本尚实、行谊著闻者，虽文艺稍劣，亦必量加奖进，以励颓俗。若有平日不务学业，嘱托公事；或捏造歌谣，兴灭词讼，及败伦伤化，过恶彰著者，体访得实，不必品其文艺，即行革退。不许徇情姑息，亦不许轻信有司教官开送，致被挟私中伤，误及善类。

一、我圣祖设立卧碑，天下利病，诸人皆许直言，惟生员不许。今后生员，务遵明禁。除本身切己事情，许家人抱告，有司从公审问，倘有冤抑，即为昭雪。其事不干己，辄便出入衙门，陈说民情，议论官员贤否者，许该管有司，申呈提学官，以行止有亏革退。若纠众扛帮聚至十人以上，骂詈官长，肆行无礼，为首者，照例问遣，其余不分人数多少，尽行黜退为民。

一、国家明经取士。说书者，以宋儒传注为宗；行文者，以典实纯正为尚。今后务将颁降《四书》《五经》《性理大全》《资治通鉴纲目》《大学衍义》《历代名臣奏议》《文章正宗》及当代诰律典制等书，课令生员，诵习讲解，俾其通晓古今，适于世用。其有剽窃异端邪说，炫奇立异者，文虽工弗录。所出试题，亦要明白正大，不得割裂文义，以伤雅道。

一、各省提学官，奉敕专督学校，不许借事枉道，奔趋抚、按官，干求荐举。各抚、按二司官，亦不许侵伊职掌行事。若有不由提学官考取，径自行文，给与生儒衣巾；及有革退生员，赴各衙门告诉复学者，即将本生问罪革黜。若提学官有行止不端，怠玩旷职者，许巡按御史指实劾奏。

一、该管地方，每年务要巡视考校一遍。不许移文代委，及于隔别府分调取生儒，以致跋涉为害。亦不许令师生匍匐迎送。考毕即于本地方发落，明示赏罚。不许携带文卷于别处发案，致令吏书乘间作弊，士子无所劝惩。亦不许招邀诗朋酒友，游山玩水，致启幸门，妨废公务。其水陆夫马廪给，随带吏书，俱照常行。

一、提学官巡历所属，凡贪污官吏、军民不法重情，及教官干犯行止者，原系宪司，理当拏问；但不许接受民词，侵官喜事。其生员犯罪，或事须对理者，听该管衙门提问，不许护短曲庇，致令有所倚恃，抗拒公法。

一、廪膳增广，旧有定额，迨后增置附学名色，冒滥居多。今后岁考，务要严加校阅。如有荒疏庸耄，不堪作养者，即行黜退，不许姑息。有捏造流言，思逞报复者，访实拏问，照例问遣。童生必择三场俱通者，始收入学。大府不得过二十人，大州、县不得过十五人。如地方乏才，即四五名亦不为少。若乡宦势豪干托不遂，暗行中伤者，许径自奏闻处治。

一、两京各省，廪膳科贡，皆有定额。近来有等奸徒，利他处人才寡少，往往诈冒籍贯，投充入学。及有诡写两名，随处告考；或假捏士夫子弟，希图进取；或原系娼优隶卒之家，及曾经犯罪问革，变易姓名，援纳粟纳马等例。侥幸出身，殊坏士习。访出，严行拏问革黜。若教官纳贿容隐，生员扶同保结者，一体治罪革罢。

一、府州县提调官员，宜严束生徒，按季考校。凡学内殿堂斋房等屋损坏，即办料量工修理。其斋夫膳夫、学粮学田等项，俱要以时发给，不许迟误克减。

一、生员之家，依洪武年间例，除本身外，户内优免二丁差役。

一、生员考试，不谙文理者，廪膳十年以上，发附近去处充吏；六年以上，发本处充吏。增广十年以上，发本处充吏，六年以上，罢黜为民。

一、儒学教官，士子观法所系。按临之日，考其学行俱优者，礼待奖励。其行履无过，但学问疏浅者，一次考验，姑行戒饬，再考无进，送吏部别用。老病不堪者，准令以礼致仕。若卑污无耻，素行不谨者，不必试其文学，即拏问革黜。

一、考贡。照近日事例，每岁预将次年应贡生员，限年六十以下，三十以上，屡经科举者六人，严加考选，取其优者充贡。定限次年四月到部，听候廷试。文理不通者，即行停降。年老衰惫者，姑授与冠带荣身，不许但挨次滥贡。其有停廪、降廪者，必考居一二等，方许收复。未收复者，不许起送应贡。如有滥贡，及廷试发回五名以上，提学官照例降调。

一、补贡有缺，务查人文未经到部，果在一年以里者，将原给批咨硃卷追缴，方取年力精壮、文学优长者一人补贡。定限该贡年分，次年到部，方准收考。如有不遵旧例，将年远贡缺滥补市恩者，起送到部，即将本生发回，革廪肄业；提学官参究。

一、遇乡试年分，应试生儒名数，各照近日题准事例。每举人一名，取科举三十名，此外不许过多一名。两京监生，亦依解额照数起送。有多送一名者，各监试官径行裁革，不许入场。

一、名宦乡贤、孝子节妇及乡饮礼宾，皆国之重典，风教所关。近来有司忽于教化，学校是非不公，滥举失实，激劝何有？今后提学官宜以纲常为己任，遇有呈请，务须核真。非年久论定者，不得举乡贤名宦。非终始无议者，不得举节妇孝子。非乡里推服者，不得举乡饮宾僎。如有妄举，受人请求者，师生人等，即以行止有亏论。其从前冒滥混杂，有玷明典者，照近例径自查革。

一、所辖境内有卫所学校，一体提调整理。武职子弟，悉令习读《武经七书》《百将传》及操习武艺。有愿习举业者听。社学师生，一体考校，务求明师责成，量免差役。其行止有亏，及训诂、句读、音韵差讹，字画不端，不通文理者，即行革退。①

明神宗接到此疏，很快就于同年五月初三日给予了批复，表示赞同，他指出："学校人才所系，近来各提学官不能饬躬端范，精勤考阅，只虚谭要誉，卖法市恩，殊失祖宗专官造士之意。卿等所奏俱深切时弊，依拟再行申饬。所开条件

---

① 《张太岳集》上，奏疏，卷4，《请申旧章饬学政以振兴人才疏》，第78—80页。

一一备载，敕内着实遵行。有仍前违怠旷职的，吏部、都察院务要指实考察奏黜，不许徇情。"①

在上述十八条中，张居正所提出的第一条最为关键。"禁私学，抑异说"本就是张居正集中权力推行新政的重要步骤。

在《辛未会试程策二》中，张居正论政事之弊有四：一曰"病在积习"；二曰"病在纪纲"；三曰"病在议论"；四曰"病在名实"。其中之一曰"病在议论"。大臣们往往坐议空谈，"一事未建，而论者盈庭；一利未兴，而议者踵至"②。他们指论朝政，又不务实事，无所作为。张居正认为，形成这种现象的根源在于其由来已久的学风不正。"自孔子没，微言中绝。学者溺于见闻，支离糟粕，人持异见，各信其说，天下于是修身正心、真切笃实之学废，而训诂词章之习兴"。虽"有宋诸儒，方祇其弊。然议论乃日以滋甚"。学风影响政风，不容忽视。要想扭转尚空论、不务实的颓败现象，必须从整顿学风入手，"学术之敝，必改而新之，而后可久也"③。那么如何更改呢？张居正提出了一个总方针，这即是"学以致用"。

张居正说："学不究乎性命，不可以言学；道不兼乎经济，不可以利用。"④他肯定了宋元以来性理之学的"下学"工夫，认为"学不本诸心，而假诸外以自益，只见其愈劳愈

---

① 《张太岳集》上，奏疏，卷4，《请申旧章伤学政以振兴人才疏》，第80页。
② 《张太岳集》下，文集，卷10，《辛未会试程策二》，第273—274页。
③ 《张太岳集》下，文集，卷3，《宜都县重修儒学记》，第146页。
④ 《张太岳集》下，文集，卷9，《翰林院读书说》，第258页。

敝也矣"①。但是，性命之学必须与"经济"相贯通，用之于社会政治实践，这才是为学的根本价值所在。对于儒生们来说，所谓"经济""致用"就是忠于君主，为君主所用，除此而外别无他途。张居正说："《记》曰：'凡学，官先事，士先志。'士君子未遇时，则相与讲明所以修己治人者，以需他日之用。及其服官有事，即以其事为学，兢兢然求所以称职免咎者，以共上之命。未有舍其本事，而别开一门以为学者也。""仆愿今之学者，以足踏实地为功，以崇尚本质为行，以遵守成宪为准，以诚心顺上为忠"。张居正希望"今之学者"不妄自菲薄，诋毁前贤，尤其不可"相与造为虚谈，逞其胸臆，以挠上之法也"②。显而易见，张居正给文化教育、学术研究规定了严格的范围，"学以致用"意味着人们必须与君主政治及国家政令法规保持一致性，文化发展本身要符合统治阶级的根本利益。

为了制止空谈废业，堵塞奔竞之门，杜绝请托之路，张居正积极推行文化专制，力主禁学，明令规定：其一，"不许别刱书院，群聚徒党，及号招他方游食无行之徒，空谭废业。"凡有违背，提学官并"游士人等"均予严办。其二，严格取士标准，禁止异端邪说，"炫奇立异者，文虽工弗录"。其三，严禁儒生干政。"天下利病，诸人皆许直言，惟生员不

---

① 《张太岳集》下，文集，卷3，《宜都县重刻儒学记》，第146页。
② 《张太岳集》中，书牍，卷9，《答南司成屠平石论为学》，第201页。

许，今后生员务遵明禁"。凡事不关己，"辄便出入衙门，陈说民情，议论官员贤否者"，提学官当将其革退。倘若情节严重，如聚众十人以上，骂詈官长，肆行无礼，则必予严惩。"为首者，照例问遣；其余不分人数多少，尽行黜退为民。"①

一般而言，专制政治不能容忍任何形式的批评、评价和参与，政治专制必然会导致文化专制。明初以来，君主专制的程度即不断加强，嘉靖时，禁毁私学已屡有发生。万历初期，张居正更是将文化专制推向极端。他认为臣属坤道，"坤道贵顺"，臣的职守就是要"毕志竭力，以济公家之事，而不敢有一毫矜己德上之心"②，这不仅表现在行为上，而且要体现在思想中。他推行的文化专制政策，就是要严格束缚人们的思想，约束人们的行动，以从文化思想上养成唯命是从的忠顺之臣，以利于他的新政的推行。

万历七年（1579 年）正月，明神宗发布诏令："毁天下书院。"这个诏令，以一个叫施观民的人私创书院赃私狼藉为口实，不仅将他所创书院捣毁，而且明确宣布，各地方凡是私建书院，遵照皇祖明旨，都改为公廨衙门，书院的田粮查归里甲。此后，再不许聚徒游食，扰害地方。同年七月、十月，又重申此禁，明令不许创立书院，以杜绝"聚徒讲授，

---

① 《张太岳集》上，奏疏，卷 4，《请申旧章饬学政以振兴人才疏》，第 78 页。
② 《张太岳集》下，卷 12，《杂著》，第 305 页。

致滋奔竞嘱托之弊"①。从中不难看出，"不许别创书院，群聚徒党"的规定，并非官样文章。根据明神宗诏令，查毁应天等府书院六十四处，一律改为公廨衙门。这一措施当然是矫枉过正的，激起了众多儒生士人的反感。著名的何心隐事件便是一例。

何心隐，本名梁汝元，字夫山，江西永丰人。闻泰州学派王艮（字敬止，江西吉水人）讲学，慨然以传道自任，师事颜钧（一名铎，字山农，江西永新人）。倡建聚和堂，延聘塾师教育乡族子弟。后更名为何心隐，游学南北，到处聚徒讲学，倡议朝政。这本已触犯了当时政府的规定，何况他还率性而行，在讲学时讥议朝政，更加违反了生员不许议论天下利病的规定，遂由此被湖广巡抚逮捕。史书记载此事说："江西永丰人梁汝元，聚徒讲学，讥议朝政。吉水人罗巽亦与之游。汝元杨言，江陵首辅专制朝政，必当入都，昌言逐之。首辅微问其语，露意有司，令简柙之。有司承风旨，毙之狱"②。关于何心隐的死因，《万历野获编》说得更具体："时有江西永丰人梁汝元者，以讲学自名，鸠聚徒众，讥切时政……江陵恚怒，示意其地方官物色之。诸官方居为奇货。适曾光起事（按：指曾光散布妖言惑众事），遂窜入二人姓名，

①　《万历邸钞》，万历七年己卯。
②　《明神宗实录》卷95，万历八年正月己未。

谓且从光反。汝元先逮至，拷死"①。当时著名的离经叛道思想家李贽为此写了一篇纪念文章，对何心隐赞扬备至，对张居正颇多指责。他说："人莫不畏死，公独不畏，而直欲博一死以成名"；"公今已死矣，吾恐一死而遂湮灭无闻也。今观其时武昌上下，人几数万，无一人识公者，无不知公之为冤也。方其揭榜通衢，列公罪状，聚而观者咸指其诬……盖惟得罪于张相者，有所憾于张相而云然……而咸谓杀公以媚张相者之为非人也"②。何心隐之死是否冤屈，姑且不论。其实聚徒讲学、讥议朝政，便是他致死的根本原因。何心隐是心学传人，也曾帮助徐阶除掉了严氏父子。这些，张居正都知道。然而，何心隐又是各地学院的常客，更是那些妄议朝政者的心灵导师。因而，何心隐就成了张居正执掌朝政、加强中央集权的绊脚石。既然是绊脚石，张居正就一定要不留情面地除掉他。明朝政府在全国范围内兴办各级各类学校，目的有二：一是教化，即通过学校普及政府的法律法令，灌输封建道德思想；二是培养封建国家所需要的管理人才。但成化以后兴起的各地书院，却和政府办学的宗旨不同。虽然著名的书院均为在职或致仕官员所创，但他们建这些书院都是为了阐述自己的学说，乃至发表政见，这就自然和政府的意志相左。因此，作为内阁首辅，张居正要让心学为他的执政

---

① 《万历野获编》卷18，《大侠遁逸》，第480页。

② 李贽：《焚书·论说·何心隐论》，第88页。

让路。因而，他上书明神宗，以"浮言可畏"为由，下诏查封学院，对妄议朝政的人进行严厉打击。这一事件从侧面反映出，张居正为了贯彻他的新政主张，严禁聚众讲学、空谈废业，是不遗余力的。而明神宗的全力支持，更使他无所顾忌，矫枉过正。

第七章　万历新政中的激烈斗争

　　任何改革都会涉及方方面面的利益，是社会各阶层对利益及资源的重新争夺与分配。在万历新政中，张居正以循名实，严考核，退冗官，进能人的考成法，在提高新政效率的同时，也引来官场诸多保守和不作为官员的抱怨与反对的声浪。他们以言官为先锋，从攻击张居正个人品行、离间明神宗与张居正关系下手，利用张居正父亲去世应该丁忧的机会，纷纷上疏攻击张居正，企图达到迫使张居正下台、让新政中断的目的。在这场路线斗争中，明神宗与张居正步调一致，配合默契，对反对新政及大肆攻击讦者采取了毫不退让的强硬态度，利用皇权击退了守旧势力对新政的反扑逆流，使新政得以继续推行。在这场围绕是否应该继续推进新政的斗争中，张居正用申不害不测之术、商君霹雳铁血之手段，其反击之果断，措施之严厉，令人望而生畏。

一、击退逆流

明朝中期，在统治集团内部，保守势力异常顽固，他们习惯于因循守旧，习惯于祖宗成法，对于革故鼎新十分反感。在这种政治氛围中，张居正要进行改革，推行新政，阻力之大是可以想见的，因此，万历新政从一开始就遭到守旧势力激烈、连番的反抗。

随着考成法的实施，张居正对官场作风的整顿取得了明显的成效。但是，改革历来就是一柄双刃剑，在提高国家行政效率的同时，也必然会引起不作为者和能力低下者的普遍不满，不可避免地引来诸多怨声，反对的声浪一时甚嚣尘上。

因考成法而利益受损的，很多都是言官。

在前面第六章中已经提到，万历元年（1573 年），张居正在推行考成法时，在呈给明神宗的关于考成法的奏疏中，特意加了一句："抚案官有延误者，该部举之，各部院有容隐者，科臣举之，六科有容隐欺蔽者，臣等举之。"就是说，几个重要部门层层监管，到六科时，由他张居正亲自监督。

张居正的这句话，与明太祖朱元璋当初设立内阁、六部和六科的宗旨有了冲突。按祖制，内阁虽然大于六部，六部大于六科，但内阁在决定很多事情时，还是要和六部商量决定的。而六科呢，则要监督六部，甚至内阁成员。

六科也被称为言官，虽然他们品级不高，却可以弹劾任何比他们品级高的官员。因而，张居正的考成法里的这句话，意味着把言官的监督权剥夺了，他们当然不高兴。

鉴于新政切中时弊，成效卓著，反对者一时难以抓住把柄，便从攻击张居正个人品行、离间明神宗与张居正之间的亲密合作关系下手，以达到迫使张居正下台、中断新政的目的。

金无足赤，人无完人。要攻击张居正，找一些话题其实是并不困难。譬如，有的下属见张居正权势显赫，争相拍马奉承，阿谀献媚。有人为了升官，向张居正赠送用黄金制成的对联，上面写道：

> 日月并明，万国仰大明天子；
> 丘山为岳，四方颂太岳相公。①

这就颇有点僭妄嫌疑的味道。

又譬如，皇太后、皇帝把朝廷大权委托给张居正，而张居正本人又胆智兼具，敢于任事，往往有独断专行之嫌。

再譬如，张居止主张专制主义，"禁私学，抑异说"，对言官议论纷纷极为反感，常痛加挫折，"一事小不合，诟责随下，又敕其长加考察"，以故御史、给事中等反对党"以是怨居正"②。这些御史、给事中又偏偏有不少耿介之士，喜欢撄逆鳞，他们把对新政的不满与对张居正本人的非议，混淆纠缠在了一起。

---

① 《万历野获编》卷十三，第351页。
② 《明史》卷213《张居正传》，第5645页。

再譬如，人们对张居正善于敛财，议论纷起。甚至有人说，严嵩被抄家，十分之九的财产进入宫中，后又佚出，大半落入宗室朱忠僖家，而其最精者十二归了张居正，将他说成是一个贪财好色的腐败高官。

此外，张居正对府第的营建也引起了人们的注目。

万历元年（1573年），张居正在江陵城东建造太师府第，明神宗不但为他亲笔书写了堂匾、楼匾、对联，而且还拿出了一大笔内帑，作为建造资金。上行下效，于是全楚官员纷纷出资行贿。这座豪华的府第，历时三年才得以建成，耗资达二十万两白银，而张居正自己拿出来的钱，还不到十分之一。他还在京师建造了一座同样豪华的官邸，"其壮丽不减王公"。张居正死后，这座建筑改为京师全楚会馆。由此推知，其规模之大非一般住宅可比。这很容易引起人们的非议。

平心而论，这些事情在明朝中晚期的上层官僚中并非罕见。如果张居正是一个平庸之辈，人们也许置若罔闻。然而，张居正偏偏是一个大破常格、追求刷新政治之人，正在推行的新政影响到很多人的既得利益，遭到了一些人的不满，于是反对派由此入手，掀起了一场反对新政的逆流，并把年幼的明神宗也牵连了进去。正所谓醉翁之意不在酒，在乎山水之间也。

第一个出来弹劾张居正的，是人称"抗劲喜事者"南京户科给事中余懋学。余懋学，字行之，徽州婺源人，隆庆二年（1568年）进士，万历初擢为南京户科给事中。万历二年

（1574年）五月，翰林院有白燕出现，内阁有碧莲花早开，张居正把它们当作祥瑞献给明神宗。余懋学抓住此事大做文章，上疏论劾张居正。疏中说："帝方忧旱，下诏罪己，与百官图修禳，而居正顾献瑞，非大臣谊。"①小小的给事中也敢借此小事为口实，对内阁元辅说三道四，张居正心中十分忌恨，只是不便发作。

到了万历三年（1575年）二月，余懋学再次上疏言五事：存惇大、亲謇谔、慎名器、戒纷更、防谀佞，从对张居正的个人攻击扩展到对新政的讥议。

在"存惇大"中，余懋学非议考成法，说："陛下临御以来，立省成之典，复久任之规，申考宪之条，严迟限之罚。大小臣工，靡不翼翼奉职……政严则苛，法密则扰……非所以培元气而存浑厚之体也。"他希望明神宗"本之和平""依于忠厚"不要"数下切责之旨""专尚刻核之实"，而应"宽严相济""政是以和"②。这显然是与明神宗、张居正正在竭力推行的新政唱反调，反映了一般官员对考成法过于严厉的不满情绪。

考成法原本仰赖六科控制六部，不料六科官员却出来反对考成法，张居正岂能容忍？更让他不能容忍的是，余懋学在"防谀佞"中竟暗指张居正、冯保为谀佞之臣。他说："至

---

① 《明史》卷235，《余懋学传》，第6119页。
② 《明史纪事本末》卷61，《江陵柄政》，第955页。

如涿州桥工告完，天下明知为圣母济人利物之仁，而该部议功，乃至夸述阁臣、司礼之绩，例虽沿旧，词涉献谀。"① 含沙射影，指桑骂槐，一向是言官们常用的笔法，张居正对此岂不明白，他看到此疏，心中的不满当然可想而知。

明神宗对于余懋学攻击张居正，反对新政，反对考成法的言行极为不满，下旨切责："余懋学职居言责，不思体朝廷励精图治之意，乃假借惇大之说邀买人心，阴坏朝政此必得受赃官富豪贿赂，为之游说。似这等乱政险人，本当依律论治，念系言官，姑从宽革职为民，永不叙用。"②

如果说余懋学的上疏揭开了反对张居正改革序幕的话，那么，万历三年（1575年）年底至万历四年（1576年）年初，傅应祯与刘台的相继上疏则是将这台反对大戏直接推向了高潮。

万历三年（1575年）十二月二十一日，河南道试御史傅应祯以尖刻的措辞上疏言三事：（1）存敬畏以纯君德。（2）蠲租税以苏民困。（3）叙言官以疏忠谠。

傅应祯，字公善，号慎所，江西安福人，隆庆五年（1571年）进士，曾任零陵知县，万历初出任御史。这篇奏疏名为言三事，实为弹劾张居正误国、讽谏明神宗失德，文章写得毫无顾忌。

---

① 《明代宦官史料长编》卷9，第1715页。
② 《明神宗实录》卷35，万历三年二月庚辰。

　　其奏疏第一事要明神宗常存敬畏以纯君德。傅应祯写道："臣闻今岁雷震端门兽吻，地震于京师直省者，不下数四……虽由大小臣工失职，曾未见皇上下修省一诏，以回天意，晏然如处无事。岂真以天变不足畏乎！""遣大监往真定府抽印，原非国初令典，事创于正统间也。先帝用李芳之言，停止前差，地方稍就苏息。陛下不能纳科道之谏，必欲差往，奈何甘心效中朝失德之故事。岂真以祖制不足法乎？""臣又近闻户科给事中朱东光陈言保治，不过一二语直切时事，犹未若古人言之解衣危论，折槛抗疏也。几于触犯雷霆，本又留中。岂真以人言不足恤乎？""夫'三不足'之说，王安石所以误神宗，陛下肯自误耶？"[①]明目张胆地批评明神宗。

　　傅应祯的奏疏写得相当尖锐，自我发泄得也相当痛快，然其思想却颇为迂腐。所谓"三不足"，是北宋王安石的改革宣言，即"天变不足畏、祖宗不足法、人言不足恤"，也是王安石变法的精神支柱。这种改革创新精神当然难能可贵，无可非议。任何改革者，如果没有这"三不足"思想做武器，势必一事无成。傅应祯却以此指责明神宗朱翊钧"自误"，实际是在攻击元辅张居正以"三不足"误皇上，也是在对新政中变革祖宗成法发泄不满。

　　其第三事"叙用言官以开忠谠"，则是公开为余懋学翻案。傅应祯说："余懋学条陈五事，直切时政，其间不无指摘

---

　　①　《万历疏钞》卷 1，傅应祯《披血诚陈肤议以光圣治疏》。

太过之弊。皇上将余懋学禁锢终身，不使再用。无非寓仁恕于惩创之内，使言者慎重而不敢轻也。远近臣民不悟圣意，遂谓皇上之讳直言如此，其逐谏官又如此。相与思，相感叹，凡事之有关于朝政者，皆畏缩而不敢陈"①，疏中不但公开指责明神宗对余懋学的处罚，而且竟要求明神宗重新起用余懋学。书生狂言无忌，于此可见。

万历新政刚刚开始举办，岂能半途而废，又岂能因为有人反对便改弦更张。明神宗愤愤然下了一道谕旨："朕以冲昧为君，朝夕兢兢……傅应祯无端以'三不足'诬朕，又自甘欲与余懋学同罪。这厮每必然阴构党与，欲以威胁朝廷，摇乱国是。著锦衣卫拏送镇抚司好生打着问了来说！"②

于是，傅应祯的下场比余懋学惨多了。在镇抚司诏狱中，受到严刑拷打，十二月二十三日，傅应祯被押发浙江定海充军。

到了万历四年（1576年）正月，明神宗在文华殿讲读完毕，对张居正谈起傅应祯，仍然心有余恨。

明神宗问："昨傅应祯以'三不足'之说讪朕，朕欲廷杖之，先生不肯，何也？"

张居正答：圣德宽厚，海内共仰，此无知小人何足以介圣怀。且昨旨一出，人心亦当儆惧，无敢有妄言者矣。国家

---

① 《万历疏钞》卷1，傅应祯《披血诚陈肤议以光圣治疏》。
② 《明神宗实录》卷45，万历三年十二月乙酉。

政事或宽或严，行仁行义，惟皇上主之。"

明神宗说："前有救应祯者，疏称其母老。朕查应祯止有父在，而顾言母，欺朕如是！"

张居正说："言官不暇致详，何足深罪。"

明神宗对在旁的阁臣吕调阳、张四维问道："昨文书房持应祯疏到阁，二先生何故不出一语？须同心报国，不得避怨。"

吕调阳、张四维听到皇上如此责问，赶忙表态："臣等敢不同心！"①

这场君臣对话，反映了明神宗与张居正对新政的态度完全一致，对反对新政者显示了毫不退让的强硬态度。而且看来明神宗对傅应祯的痛恨比张居正还要更深一层，竟然打算动用廷杖，若不是张居正出面劝阻，傅应祯不是死于杖下，也要重伤残废了。

张居正不是不想严惩傅应祯之类妄议朝政的官员，但他毕竟是一个政治家，眼光要远大一些，并且以为既然皇帝明谕严责，就不必廷杖，"人心亦当儆惧，无敢有妄言者矣"，能够统一思想就行。

然而，令张居正没有想到的是，言官中颇有些不怕死的人。特别是傅应祯的同乡、巡按辽东御史刘台居然挺身而出，写了长达五千字的奏疏，弹劾张居正，使反对新政的逆流一

---

① 《明神宗实录》卷46，万历四年正月庚子。

时达到了顶点。

刘台，字子畏，江西安福人，隆庆五年（1571年）进士，授刑部主事，万历初改御史，巡按辽东。张居正会试主考，刘台中第七，廷试时，张是读卷官，刘台中二甲第四，后刘台列部属官三年，是在张居正荐举下才成为辽东御史的。按照明朝科场惯例，他与张居正应是师生关系。但就是这位学生，认为张居正是在借新政擅权专政、钳制言论、植党行私、动摇国是。他虽是张居正一手选拔的，但却不支持张居正的新政事业，而且对张居正的诸多行为颇为不满。刘台甚至扬言："忠臣不私，私臣不忠，终不可以荐举之私恩忘君父之大义。"[1] 以此来与张居正划清界限。

就在傅应祯充军一个月后，即万历四年（1576年）正月二十三日，刘台写了《恳乞圣明节收辅臣权势疏》，公然弹劾恩师张居正。他不像傅应祯那样以王安石"三不足"之说影射张居正，而是直截了当地指名道姓，谴责张居正"擅作威福"，并说"畏居正者甚于畏陛下，居正者甚于怀陛下"，这种公开离间皇帝与元辅的关系，确实是明朝官场上的一大奇葩。

在奏疏中，刘台首先指责张居正"无容言之量"。他开门见山地说："臣闻进言者皆望陛下以尧、舜，而不闻责辅臣以

---

[1] （明）余之祯总修，（明）王时槐纂修：《吉安府志》卷22，中华书局2018年版，第325页。

皋、夔。何者？陛下有纳谏之明，而辅臣无容言之量也。"

其次，刘台从内阁事权谈起，意在证明张居正擅权专政。在上疏中，刘台公然攻击张居正："高皇帝鉴前代之失，周万世之虑，不设丞相，事隶部、院，当时势不轧摄而职易称。成祖文皇帝始置内阁，参预机密大事……二百年来，即有擅作威福者，尚惴惴然避宰相之名而不敢当何者矣，以祖宗之法在也。"乃大学士张居正偃然以相自处，自高拱被逐，擅威福者三四年矣。

接着，刘台紧紧抓住张居正标榜的"吾守祖宗法"这一挡箭牌，层层批驳，指责他根本不把祖宗之法放在眼里。刘台说："往者王大臣狱兴，诬连高拱。夫拱擅则有矣，逆未闻也。公议籍籍不平。（居正）密为书令拱切勿惊死，恐己负杀大臣名。夫逐之诬之，宰相威也；已而私书安之，宰相福也。祖宗之法若是乎？""今诏旨一下，果严耶，居正曰：我费多少力方如此。由是人不敢不先谢之，是人畏居止甚于畏陛下矣。果温耶，居正则曰：我费多少力方如此。由是人不敢不先谢之，是人怀居正甚于怀陛下矣……祖宗之法果如是乎？""居正条陈章奏考成，有曰：各省抚按凡考成章奏，每二季该部各造册二本，一本送内阁，一本送科。抚按延迟，该部举之；该部隐蔽，该科举之；该科隐蔽，阁臣举之。夫部院分理邦事，举而劾之其职也；科臣封驳奏疏，举而劾之其职也。阁臣例无印信，衔列翰林，翰林之止备顾问，不侵政事，祖宗制也。居正创为是说，不过欲制胁科臣，总听己令耳……祖宗之法应如是耶？"

　　同时，刘台罗列张居正作威作福的诸多事例：

　　"为固宠计，献白燕、白莲，致诏旨切责，传笑天下"；"为择好田宅计，指授该府道，诬辽王以重罪。今武冈王又议罪矣"；"为子弟连中乡试，而许御史御史舒鳌以京堂，布政使施尧臣以巡抚。今年嫡子又起觊心矣"；"入阁未几，而富冠全楚，果何以致之耶？宫室舆马妻妾，奉御有同王侯，果何以供之耶"。

　　为了激起明神宗对张居正的怀疑和愤恨，刘台说："当此之时，谏人主易，言大臣难。而为大臣者，每每一闻人言，则藉人主之宠，激人主之怒，或曰诽谤，或曰奸党，或曰怨望，或罪一人以畏惕乎众，或连众人以阴杜乎后……于是有一种无籍之恶徒，起而附会之，言者之祸益烈，大臣之恶日滋，而天下国家之事日去矣"[1]

　　客观地说，刘台对张居正的攻击并非全是无中生有，如他抨击张居正"制胁科臣，总听己令"，即是破祖宗成法之举。他虽反对新政但并不反对皇帝。他对张居正的揭露与攻击，目的还是惧怕张居正专权祸国，是为了"抑损相权"、巩固皇权。但他毕竟与张居正有师生之谊，且张居正对他有提携之恩。他这样不管不顾地肆意攻击张居正，显然也是违背了传统道德伦理之道，因此为各方所不容。

---

[1]　《明代宦官史料长编》卷7，第1330页。

明神宗看了这个奏疏大怒，认为刘台是"诬罔忠良，肆言排击，意在惟壮植私，不顾国家成败"[①]，下令锦衣卫将刘台立即逮捕严办。

张居正因刘台如此露骨的攻击，处境十分尴尬。更何况，刘台把前两次言官弹劾联系在一起，说余懋学的上疏是"隐言张居正之辅政操切"，傅应祯的上疏是"比王安石之辅政不职"。这个刘台又多次攻击张居正以权谋私，什么"子弟何功，而尽列巍科"！什么"家殷甲于全楚，道路宣言"！什么"居正之贪不在文吏而在武臣，不在腹里而在边鄙"[②]，等等。这使得张居正一时大为被动，不得不上廷向明神宗当面奏辩。

张居正说："台与傅应祯素厚，应祯之言，实有所主。彼见应祯谪戍，三御史又以连累得罪，妄自惊疑，惧将来之不免，故无顾藉而发愤于臣。以为排击辅臣，既可免于公法，又足以沽直声而希后用。此为臣之致谤之由。"他还颇带感情地对明神宗慨叹：自遭刘台弹劾，"其门巷寥寂，可设雀罗"；"国朝二百余年，并未有门生排陷师长，而今有之"[③]。

张居正因遭弹劾，于次日（二十四日）向皇上提交了辞呈。明神宗赶紧劝慰："卿赤忠为国，不独简在朕心，实天地祖宗所共降监。彼谗邪小人，已有旨重处。卿宜以朕为念，

---

①　《明神宗实录》卷46，万历四年正月丁巳。

②　《吉安府志》，第326页。

③　《万历邸钞》，万历四年丙子卷。

速出辅理，勿介浮言。"①

二十五日，张居正再次提出辞呈。在这篇辞呈中，张居正首先声情并茂第表示了他的眷眷不胜依主之情，他说：

> 念臣受先帝重托，既矢以死报矣。今皇上圣学，尚未大成；诸凡嘉礼，尚未克举，朝廷庶事；尚未尽康；海内黎元，尚未咸若。是臣之所以图报先帝者，未罄其万一也，臣岂敢言去。古之圣贤豪杰，负才德而不遇时者多矣。今幸遇神圣天纵不世出之主，所谓千载一时也，臣又岂可言去。皇上宠臣以宾师不名之礼，待臣以手足腹心之托，相亲相倚，依然蔼然。无论分义当尽，即其恩款之深洽，亦自有不能解其心者，臣又何忍言去。然而臣之必以去为请者，非得已也！

接着，他向明神宗道出了特不得不辞职的苦衷：

> 盖臣之所处者，危地也；所理者，皇上之事也；所代者，皇上之言也。今言者，方以臣为擅作威福。而臣之所以代王行政者，非威也，则福也。自兹以往，将使臣易其涂辙，勉为巽顺以悦下耶？则无以逭于负国之罪；将使臣守其故辙，益竭公忠以事上耶？则无以逃于专擅之讥。况今谀邪之党。实繁有徒，背公行私，习弊已久。臣一日不去，则此辈一日不便；一年不去，则此辈一年不便。若取臣之所行者，即其近似而议之，则事事皆可以为作威，事事皆可以

---

① 《张太岳集》上，奏疏，卷4，《被言乞休疏》，第86页。

为作福。明明之谗？日哗于耳。虽皇上圣明，万万不为之投杼，而使臣常负疑谤于其身，亦岂臣节之所宜有乎？此臣之所以辗转反侧而不能不惕于衷也。

最后，他乞求明神宗"怜臣之志、矜臣之愚"，将他"罢归"，以"既有益于国，而又无恶于众者"①。

明神宗当然不会接受张居正的辞职，再次劝慰道："卿精诚可贯天日，虽负重处危，鬼神犹当护佑，谗邪阴计，岂能上干天道！朕亦知卿贞心不贰，决非众口所能摇惕。已遣司礼监随堂官往谕朕意，卿宜即出视事，勉终先帝顾托，勿复再辞。"②

在张居正辞职的同时，内阁次辅张四维、吏部尚书张瀚，因刘台疏中把他们列为张居正引用的亲信，也上疏请求辞职。明神宗当然不会同意。

据说，张居正向明神宗提交辞呈时，激动得伏地痛哭流涕，不肯起身。明神宗亲自走下御座，手掖张居正站起，对张居正说："先生起，吾为逮台，竟其狱以慰先生。"③再三慰问，张居正仍不肯出朝视事。明神宗只得于二十六日派遣司礼监太监孙隆，拿着他的亲笔手敕及赏赐物品，到张居正府第慰问。孙隆当面向张居正传达了明神宗的谕旨："先帝以朕幼

---

① 《张太岳集》上，奏疏，卷4，《被言乞休疏》，第86、87页。
② 《张太岳集》上，奏疏，卷4，《被言乞休疏》，第87页。
③ 《嘉靖以来首辅传》卷7，《张居正传》。

小，付托先生。先生尽赤忠以辅佐朕，不辞劳，不避怨，不居功，皇天后土祖宗必共鉴知。独此畜物，为党丧心，狂发悖言，动摇社稷，自有祖宗法度。先生不必如此介意，只思先帝顾命，朕所倚任，保安社稷为重，即出辅理，朕实惓惓竚望。特赐烧割一分、手盒二副、长春酒十瓶，用示眷怀。先生其钦承之，慎勿再辞。"[①]

张居正捧读御笔宣谕后，上疏谢恩说：司礼监太监孙隆，恭捧到臣私寓，臣焚香望阙叩头祗领。捧诵未毕，涕泪交零。随即表示，"臣矢死报国，本其素心；因毁乞骸，殊乖本愿"，既特孚皇上昭鉴，则诸呶呶之口，诚无足为轻重，虽嫌怨弗辞。明神宗看了此疏说："览奏谢，知卿勉出辅理，朕心乃悦。"[②]

张居正以遭弹劾而提出辞职，足见当时守旧势力之强大。因为有明神宗与李太后的坚决，他才能够坚持把改革事业进行下去。

几天后，刘台披枷戴铐地从辽东械送至京师，送入锦衣卫诏狱。在狱中，刘台受尽严刑拷打，然并不屈服，言辞甚至更加激烈。众人莫不为其处境危险而担忧，刘台却慷慨自若。镇抚司审讯后，并无所得，便拟"廷杖遣戍"上报。明神宗传出口旨："刘台这厮，谗言乱政，着打一百，充军。拟票

① 《张太岳集》上，奏疏，卷4，《谢恩疏》一，第88页。

② 《张太岳集》上，奏疏，卷4，《谢恩疏》一，第88页。

来行。钦此。"张居正虽然对刘台的行为恨之入骨，但还是上疏请求让他免于廷杖。他不得不这样做，因为上次傅应祯谤讪皇上，他曾请求免予廷杖，这次刘台仅诬诋内阁辅臣，更应请求免予廷杖。所以他在奏疏中说："顾臣思之，台，言官也。前日御史傅应祯虚捏旨意，诬损圣德，皇上欲廷杖之，臣窃以皇上一向虚己受谏，今一旦众辱此人，将使居言路者，畏惧自保，而不敢正言。故再三为之恳乞。荷蒙圣慈俯从，曲赐宽宥，免其棰杖，天下莫不称仁焉。今台之谗狠乱国，其罪固不减于应祯。然其所诬诋者，臣也，比之君父，则相悬矣。前应祯诬讪皇上，臣以言官之故，犹为乞免。今台诬害臣，臣以被害之故，即欲尽法。是臣以所恶于下者事上，而爱君父不如爱己身，臣不敢也。"[1] 在张居正的坚持下，明神宗只好表示同意，对张居正说："这等谗狠奸人，卿从中救他，可谓忠慈之至。"于是下旨，"姑准从宽"[2]，刘台免于廷杖，将他削籍为民。

余懋学、傅应祯、刘台等人，掀起了一拨又一拨的不大不小的政治逆流，在明神宗与张居正通力反击之下，终于被击退了。但是守旧势力对新政的反对并未停止，朝野仍然是暗流涌动。张居正在明神宗支持下仍一如既往地实施他的新政。[3]

---

① 《张太岳集》上，奏疏，卷4，《乞宥言官疏》，第89页。
② 《张太岳集》上，奏疏，卷4，《乞宥言官疏》，第90页。
③ 参见樊树志著：《万历传》，人民出版社1993年版，第88—98页。

二、围绕是否"丁忧"的较量

万历五年（1577 年），张居正执掌朝政进入最得心应手的阶段。明神宗、李太后、冯保、众大臣，甚至民众都将他视为大明真正的掌舵人。此时，朝廷的各项政事都在平稳有序地开展过程中。

就在张居正想实施他的另一项重要改革时，他的父亲张文明死了，他面临一个问题——丁忧。

对于一般人而言，父亲的去世，不过是家庭的私事。然而，对于张居正这样众目睽睽的元辅大臣而言，如何处理亡父的丧事，却与权力的掌握或失去密切相关。

丁忧是明朝除了带兵的将领外，所有官员在父母去世后，都必须辞官尽孝三年的一种祖制。

嘉靖朝徐阶能有机会向严氏父子出击，就是借严世蕃的母亲欧阳氏去世，严世蕃丁忧，无法及时帮严嵩处理事务而找到破绽的。毫不夸张地说，如果欧阳氏不在那时候去世，严世蕃不丁忧的话，徐阶未必能扳倒严氏父子而成为首辅。

丁忧改变了严氏父子和徐阶的命运。此时，如果张居正丁忧，是否也会改变他的命运？答案是肯定的。

张文明生病有一段时间了。张居正也一直担心，甚至希望父亲能撑到自己实施完成全部改革之一日，可他最担心的事还是发生了。

围绕着是否应该"丁忧",反对派抓住机会,终于酿成了一场轰动一时的"夺情"风波,使本已经平息了的反对新政的逆流再次肆虐起来。

张居正的父亲张文明,字治卿,号观澜,在科举仕途上一直困顿得很,连考七次乡试,都名落孙山。在二十岁那年补了个府学生,一直到死,都还是个府学生。但父以子贵,儿既为内阁元辅,父就非同一般了。皇恩浩荡之下,张文明不免飘飘然。张居正在给湖广地方官的信中不得不承认:"老父高年,素怀坦率,家人仆辈,颇闻有凭势凌烁乡里,溷扰有司者,皆不能制。"这让张居正好不为难。为此他去信楚抚赵汝泉,希望能够"藉公之威,明示两司及敝处守令诸君,但有如前所云者,幸即为擒治。其所请嘱,无问于理可否,悉从停阁。有强梗不法者,解来仆面鞫之,欲得而甘心焉"[1]。

万历五年(1577年),七十四岁的张文明患病,张居正本想请假省亲。恰逢宫中筹备皇上大婚,作为元辅,他是无法脱身的,只得定在大婚以后再告假。原本想在万历六年(1578年)夏初回江陵探望老父,不料,万历五年(1577年)九月十三日父亲遽尔病逝。二十五日,噩耗传到北京。次日,张居正的同僚、内阁辅臣吕调阳、张四维上疏奏明皇上,引用先朝杨溥、金幼孜、李贤"夺情"起复故事,请求明神宗谕留张居正。

---

[1] 《张太岳集》中,书牍,卷5,《与楚抚赵汝泉言严家范禁请托》,第116页。

　　按照当时官僚的丁忧制度，承重祖父母及嫡亲父母丧事，以闻丧月日为始，不计闰二十七月，服满起复。期满后，再出来视事，谓之起复。但也有特例，宣德元年（1426 年）正月，礼部尚书兼武英殿大学士金幼孜（名善，以字行，号退闇，江西新淦人），母死丁忧，宣宗下诏起复。宣德四年（1429 年）八月，内阁大学士杨溥（字弘济，湖广石首人）以母丧丁忧去，随即起复。成化二年（1466 年）三月，内阁大学士李贤（字原德，河南邓州人）遭父丧，宪宗诏起复，三辞不许，遣中官护行营葬，还至京又辞，帝遣使宣意，遂视事。这些都是丁忧"夺情"的先例。

　　然而，这样做并不符合明代的典制。"国初令，百官闻丧，不待报即去官。后京官有勘合，在外官有引，起复有程限，夺丧、短丧、匿丧有禁，视昔加严云"。对于官吏匿丧者，正统七年（1442 年）有令，"俱发原籍为民"；正统十二年（1447 年）又有令，"内外大小官员丁忧者，不许保奏夺情起复"。[①] 可见按照祖宗旧制，官员丁忧不许夺情起复，所以吕调阳、张四维要援引前朝金幼孜、李贤、杨溥的特例，希望皇上"夺情"。当时内阁虽有三位辅臣，但大权集中在张居正一人手中，一旦他丁忧离职二十七个月，吕调阳、张四维唯恐难以承受如此大的压力。

---

　　① 《大明会典》卷 11，吏部 10《丁忧》。

明神宗本人也依赖张居正，不愿他丁忧归里，更不愿新政中途遭到挫折。所以他接到吕调阳、张四维的奏疏后，写了手札给张居正说："朕今览二辅所奏，得知先生之父弃世十余日了，痛悼良久。先生哀痛之心，当不知何如里！然天降先生，非寻常者比。亲承先帝付托，辅朕冲幼，社稷奠安，天下太平。莫大之忠，自古罕有。先生父灵，必是欢妥。今宜以朕为念，勉抑哀情，以成大孝。朕幸甚，天下幸甚。"①接着，明神宗又谕吏部："元辅朕切倚赖，岂可一日离朕！父制当守，君父尤重，准过七七，照旧入阁办事，侍讲读，侍制满日随朝。"②次日，明神宗又赏赐张居正银两等，以供丧事之用。

至于张居正，按人之常情及祖宗旧制，必须丁忧守制。但他不是一个按常规办事的人，他常说，有非常之人，然后有非常之事，何惜訾议！况且大权在握，新政正在展开，他不愿因丁忧而离任二十七个月，甚至惧怕因为丁忧而失去一人之下万人之上的权力。迫于祖宗旧制与舆论压力，必须妥善策划一个两全之计。就在吕调阳、张四维上疏请皇上"夺情"之前，张居正与司礼监掌印太监冯保即作了一番谋划，竭力促成明神宗"夺情"之局。文秉在《定陵注略》中，写到"万历五年九月，大学士张居正丁父艰，上命夺情视事"

---

① 《张太岳集》上，奏疏，卷6，《闻忧谢降谕宣慰疏》，第117页。
② 《明神宗实录》卷67，万历五年九月己卯。

之后，透露了其中的内情：

> 大珰冯保，挟冲主，操重柄，江陵（张居正）素卑事之。新郑（高拱）既逐，保德江陵甚，凡事无不相呼应如桴鼓。江陵闻父讣，念事权在握，势不可已，密与保谋夺情之局已定，然后报讣。次辅蒲州（张四维）进揭，即微露其一斑……疏入，漏下已二鼓。昧爽，特旨从中出，留之。香币油蜡之赐以千百计，内阁持司礼之命络绎而至，附耳蹑踵。江陵时作攀曲状，令小史扶掖内阁，乃叩头谢，强之立而受，云："此头寄上冯公公也。"①

由此可见，"夺情"虽出于明神宗旨意，却是张居正与冯保事前早就谋划好的。这一点，明神宗并不知情。冯保要皇上一而再，再而三地降旨挽留张居正。而张居正为掩人耳目，也一而再，再而三地上疏乞求归里守制。

九月二十六日，当张居正在私寓接到皇上派司礼监太监李佑送来的御札后，立即上疏说："本月二十五日，得臣原籍家书，知臣父张文明以九月十三日病故。臣一闻讣音，五内崩裂。兹者，伏蒙皇上亲洒宸翰，颁赐御札……臣不忠不孝，祸延臣父，乃蒙圣慈曲轸哀怜犬马余生，慰谕优渥。臣哀毁昏迷，不能措词，惟有痛哭泣血而已。臣不胜激切哀感之至。"②

---

① 《定陵注略》卷1《江陵夺情》。
② 《张太岳集》上，奏疏，卷6，《闻忧谢降谕宣慰疏》，第117页。

　　次日，张居正又对明神宗派司礼监随堂太监魏朝将太后与皇上赏赐的香烛布匹等物恭捧到私第，上书表示感谢："臣一家父子，殁者衔环结草，存者碎首捐躯，犹不足以仰报圣恩于万一也。"①

　　为了应付舆论，张居正不得不做足表面文章。九月底，他正式向明神宗上疏乞恩守制，以表示他对皇上"夺情"的反应。疏中有"臣在忧苦之中，一闻命下，惊惶无措。臣闻受非常之恩者，宜有非常之报。夫非常者，非常理之所能拘也"之类的言辞。其中，话里有话，他强调了"非常"一语，"非常理之所能拘"一句，用在此处委实有点牵强附会，只不过是为下文作铺垫罢了："如皇上之于臣，若是之恳笃者，此所谓非常之恩也。臣于此时，举其草芥贱躯，摩顶放踵，粉为微尘，犹不足以仰答于万一；又何暇顾旁人之非议，徇匹夫之小节，而拘拘于常理之内乎！"②

　　由于张居正的本意是希望皇上"夺情"，但是又不得不按惯例向皇上乞恩"守制"，所以这篇《乞恩守制疏》写得颇费牵强。一方面乞恩守制，另一方面却强调"非常理之所能拘"，"何暇顾旁人之非议，徇匹夫之小节"。可谓一语道尽其中奥秘。这分明是在向皇上表明他的决心，如果皇上为了继续推行新政，坚持"夺情"，他可以置常理、小节于不顾而

---

　　①　《张太岳集》上，奏疏，卷6，《谢遣官赐赙疏》，第118页。

　　②　《张太岳集》上，奏疏，卷6，《乞恩守制疏》，第121页。

坚守岗位。由此可知张居正当时所面临的政治危机是何等严重，他又是多么小心谨慎力图用"夺情"来渡过权力危机。

"夺情"，本是皇帝以强制手段剥夺大臣的丁忧服丧之情，一般大臣大多不愿意接受"夺情"。张居正则不然，他知道一旦长期离开权力中心的后果。以大局为重，他可以不择手段，更无暇顾及旁人的非议。为此他与冯保策划了"夺情"之局，但又不能公开上疏提请皇上"夺情"。实在是用心良苦之极。

明神宗从一开始就坚定不移地主张"夺情"，不愿意张居正因丁忧守制，离他而去，致使新政停顿。因此，对张居正的《乞恩守制疏》，他的批示十分明确："朕冲年垂拱仰成，顷刻离卿不得，安能远待三年！且卿身系社稷安危，又岂金革之事可比！其强抑哀情，勉遵前旨，以副我皇考委托之重，勿得固辞。"①

十月初五日，张居正再次上疏乞恩守制："臣于国家，粪土草芥之臣耳。先帝不知臣不肖，临终托臣以大事，叮咛付嘱，言犹在耳。中道而背之，虽施于交友，然且不可，乃敢以此事吾君父，而自蹈于诛夷之罪乎！"②言外仍有不忍遽尔离去之意。明神宗当天批复，仍坚持成命："今朕冲年，国家事重，岂常时可同？连日不得卿面，朕心如有所失。七七之

---

① 《张太岳集》上，奏疏，卷6，《乞恩守制疏》，第122页。
② 《张太岳集》上，奏疏，卷6，《再乞守制疏》，第123页。

期犹以为远，矧曰三年？卿平日所言，朕无一不从，今日此事，却望卿从朕，毋得再有所陈。"①

十月初八日，张居正三疏乞恩守制。疏中说：

> 古语云：犬马之诚，不能动人，譬人之诚亦不能动天。臣始不信，今乃见之。臣前后所奏，哀苦迫切之情，非不仰触圣心也；悲鸣号泣之声，非不上彻天听也。然竟不能徼一二之幸于万分之中者，仰窥皇上之心，不过以数年以来，举天下之重，尽属于臣，见臣鞠躬尽瘁，颇称意指；将谓：国家之事，有非臣不能办者。此殆不然也。夫人之才识，不甚相远，顾上用之何如。臣之不肖，岂真有卓荦超世之才，奔轶绝尘之力？惟皇上幸而用之，故臣得尽其愚耳。今在廷之臣，自辅臣以至于百执事，孰非臣所引荐者？观其器能，咸极一时之选。若皇上以用臣之道而用诸臣，诸臣以臣心之忠而事皇上，将臣平日所称"圣贤道理""祖宗法度"此两言者，兢兢守之，持而勿失，则固可以端委庙堂而天下咸理。是臣虽去，犹未去也。何必专任一人，而使天下贤者不得以各效其能乎？②

话虽动听，但并非言为心声。

明神宗阅《三乞守制疏》后仍不同意，当天下旨："朕为天下留卿，岂不轸卿迫切至情，忍相违拒？但今日卿实不可

---

①　《明神宗实录》卷68，万历五年十月戊子。

②　《张太岳集》上，奏疏，卷6，《三乞守制疏》，第126页。

离朕左右。着司礼监差随堂官一员，同卿子编修嗣修驰驿前去，营葬卿父，完日即迎卿母来京侍养，用全孝思。卿宜仰体朕委曲眷留至意，其勿再辞。"①

既然明神宗再三慰留，并且作出了妥善安排，命司礼监随堂太监偕张居正次子嗣修前往江陵营葬，张居正也就顺水推舟，不再坚持乞归守制，而不是向明神宗提出"在官守制"的折中方案。

张居正在《乞暂遵谕旨辞俸守制预允归葬疏》中强调了皇上大婚之期迫近，"乃一旦委而去之，不思效一手一足之力，虽居田里，于心宁安？"因此不再坚持前请，谨当恪遵前旨，在家中服丧七七四十九天，"候七七满日，不随朝，赴阁办事，且侍讲读。但乞圣慈俯谅愚衷，容令在官守制，所有应支俸薪，准令尽数辞免；一应祭祀吉礼，俱不敢与；入侍讲读及在阁办事，俱容青衣角带；出归私第，仍以缞服居丧；凡章奏应具衔者，仍容加'守制'二字。使执事不废于公朝，下情得展于私室。"②明神宗除了对张居正所提明春允假归葬之事不同意外，其他一概允准。

这就是张居正的在官守制的来龙去脉。为了表明他的虔诚之心，张居正特地辞去俸禄。明神宗过意不去，向内府及

---

①　《张太岳集》上，奏疏，卷6，《三乞守制疏》，第127页。

②　《张太岳集》上，奏疏，卷6，《乞暂遵谕旨辞俸守制预允归葬疏》，第129—130页。

各衙门降旨："元辅张先生俸薪都辞了，他平素清廉，恐用度不足，着光禄寺每日送酒饭一桌，各该衙门每月送米十石、香油二百斤、茶叶三十斤、盐一百斤、黄白蜡烛一百枝、柴二十扛、炭三十包，服满日止。"①所得之数，远远超过了张居正的俸禄。如果计及"不可胜记"的"其余横赐"，那就更可观了。李太后与明神宗以这种方式表明了他对张居正在官守制的全力支持。

经过半月有余的公文往返，张居正夺情起复之局，终于定了下来。张居正以"在官守制"的形式，于"七七"之后，仍入阁办事，大权在握。岂料，明神宗这一安排竟然激起了守旧官僚的一片反对声浪，其气势之咄咄逼人，实为明神宗与张居正始料所不及。在这个关键时刻，明神宗自始至终站在张居正一边，从捍卫新政的大局出发，坚持夺情起复之局，坚决打击利用丁忧夺情来攻击张居正的官员，使新政得以顺利继续，其手段之果断，措施之严厉，令人望而生畏。

在这场斗争中，反对得最为激烈的是翰林院编修吴中行（字子道，常州武进人）、简讨赵用贤（字汝师，苏州常熟人）、刑部员外郎艾穆（字和父，湖广平江人）、主事沈思孝（字纯父，浙江嘉兴人）。他们分别写了措辞严厉的奏疏，轮番弹劾张居正。

十月十八日，吴中行首先上疏，别有用心地指出"夺情"

---

① 《张太岳集》上，奏疏，卷6，《谢内府供给疏》，第137页。

的焦点不在于"丁忧"本身，而在于政治："今皇上之所以必留，与元辅之所以不容不留者，其微权深意，非圆神通方者，末可告语。彼遐观邈听之夫，拘曲言常之士，或因其不言之迹，而归以不题之名，安能家喻户晓，而使之无里谈巷议"①。吴中行把奏疏呈上后，把副本送给张居正过目，张居正愕然问道："疏进耶？"吴中行答："未进，不敢白也。"②

十月十九日，赵用贤上疏。他谴责张居正"能以君臣之义效忠于数年，不能以父子之情少尽于一日"；要求明神宗"如先朝杨溥、李贤故事，听其暂还守制，刻期赴阙。庶父子音容乖睽阻绝于十有九年者，得区区稍伸其痛于临穴凭棺之一恸也"③。接着笔锋一转："陛下所以不允辅臣之请者，岂非谓朝廷政令赖以参决，四海人心赖以观法者乎。"④ 这种话语带有明显的讥讽意味，不仅攻击张居正，不小心把明神宗也给捎上了。

十月二十日，艾穆、沈思孝联名上疏。疏文的措辞更是越发激烈："居正今以例留，腆颜就列矣，异时国家有大庆贺、大祭祀，为元辅者，欲避则害君臣之义，预出则伤父子之情。臣不知斯时陛下何以处居正，居正何以自处？""陛下之留居正也，动曰为社稷故。夫社稷所重莫如纲常，而元辅

---

① 《吴沈二公集》卷1，吴中行：《因变陈言明大义以植纲常疏》。
② 《明史》卷229，《吴中行传》，第5999页。
③ 《明史》卷229，《赵用贤传》，第6000页。
④ 《明神宗实录》卷68，万历五年十月乙巳。

大臣者，纲常之表也，纲常不顾，何社稷之能安？"①

这些人的上疏公开谴责明神宗对张居正"夺情"，表面上出发点是为了维护传统的伦理纲常与祖宗之制，实际上是借此赶张居正下台，因而仍旧是改革派与保守派的政治路线斗争的继续。

奏疏呈进后，司礼监掌印太监冯保将它们留中数日不发，让张居正票拟殊旨。张居正怒不可遏，便与冯保商定，对此四人实施廷杖，决心以非常手段制止此风的蔓延。

礼部尚书马自强（字体乾，号乾菴，陕西同州人）料知事情不妙，出面向张居正为上疏诸人求情，张居正一时语塞，竟把往时矜持的风度置之不顾，当着马自强面下跪，一手捻着胡须，口中振振有词："公饶我，公饶我。"②

翰林院掌院学士王锡爵（字元驭，号荆石，苏州太仓人）会集翰林、宗伯以下数十人求解于张居正，张居正拒而不见。王锡爵径直闯入张府丧次，为上疏诸人求解。张居正说："圣怒不可测。"王锡爵说："即圣怒，亦为老先生而怒。"张居正无言以对，勃然下跪，举手索刀作刎颈状，并说："上强留我，而诸子力逐我，且杀我耶！"又连声喊道："你来杀我，你来杀我。"③吓得王锡爵赶忙逃出，至此，众人深知事情已

---

① 《明史》卷229，《艾穆传》，第6003页。

② 《万历邸钞》，万历五年丁丑。

③ 《万历邸钞》，万历五年丁丑。

不可挽回了。

这样一来，保守派与改革派围绕"夺情"而展开的激烈权力斗争，终于发展成为你死我活的公开较量。

十月二十二日，明神宗降旨：命锦衣卫逮吴、赵、艾、沈四人至午门前廷杖。吴、赵二人"各杖六十，发回原籍为民，永不叙用"；艾、沈二人"各杖八十，发极边充军，遇赦不宥"①。

当吴中行等人因上疏获罪后，翰林侍讲赵士皋、张位、于慎行、李长春、田一儁，修撰习孔教、沈懋学等人，纷纷上疏申救。但奏疏受阻，无法呈进。沈懋学（字君典，号少林，一号自云山樵，宁国宣城人）写信给他的同年、张居正之子张嗣修，请他为之疏通。之前，张嗣修曾致书沈懋学，为其父"夺情"辩解，说"今日之事，尽孝于忠，行权于经"。沈懋学复信一封，说："老师之留，为世道计。而诸子之疏，亦为世道计。独奈何视为狂童，斥为仇党乎……人心疑则奸雄备指……天下将有假豪杰非常之说，以伺其意旨，而忠言日远，富贵之徒日近。"意欲张嗣修出面劝父，稍加宽容。尔后，又发出一信，再申前信未尽之意："老师之留，原出圣明眷注。且古人豪杰为天下安危，一己之虚名弗顾也，亦安得以常行议之。顾皇上留之既恳矣，老师亦不忍恝然请归矣。

---

① 《明神宗实录》卷68，万历五年十月乙己。

而保留之疏似出逢迎，此诸君所以有激而言也……而廷杖之举，老师竟不力救，门下亦不进一言。老师不得称纯臣，门下不得称诤子矣。往者不可谏，来者犹可追，惟门下深思预图之。"①书信寄出三封，但无一回音。

让张嗣修设法转圜本身就说明这帮保守派官僚并不深谙政治斗争的行情。作为张居正之子，张嗣修只能选择坚决站在父亲的阵营，不进一步落井下石已经不错了，何况还是去帮对手的阵营？沈懋学等人太幼稚了。

沈懋学又写信给南京都察院右都御史李幼滋（字元树，号义河，湖广应城人），说"师相之宜决，台省之留宜止"，希望通过他能与张居正斡旋。李幼滋回信说："今师相不奔丧，是圣贤之道，直接揖逊征诛而得其传者，若竖儒腐生安能知之！"②李幼滋其人以讲学博名，与张居正关系非同一般，每次会见，常晤谈竟日。对于此次张居正"夺情"，他是支持的，但在公开场合又故作伉直姿态，故而沈懋学写信向他求援，不料遭到如此这般训斥。沈懋学一气之下，便引疾归乡。

十月二十三日，宫中传出明神宗对群臣的敕谕："群奸小人，藐朕冲年，忌惮元辅忠正，不便己私，惜纲常之说，肆挤排之计。再有党奸怀邪，欺君无上，必罪不宥。"③

---

① 《万历邸钞》，万历五年丁丑。

② 《万历邸钞》，万历五年丁丑。

③ 《万历邸钞》，万历五年丁丑。

当时，民间流言蜚语四出，正巧，张居正再疏乞归那天，天上出现彗星（民间俗称扫帚星），大如灯盏，颜色苍白，长达数丈，从尾箕星座至斗牛星座，直逼女宿星座。于是，街谈巷议，甚至有人在西长安门贴出谤书，说张居正谋反。直到上述明神宗严厉申斥的敕谕传出，各种谤议才稍稍平息。

尽管反对"夺情"的人已经受到严惩，明神宗也再三表示挽留张居正，"夺情"是皇上的旨意。但是，反对者仍大有人在。

十月二十四日，刑部办事进士邹元标（字尔瞻，号南皋，江西吉水人）再次上疏弹劾张居正"夺情"。这道奏疏写得比吴、赵、艾、沈更为厉害。他从否定张居正新政出发，以为此人不堪重用，批评明神宗以"夺情"挽留张居正是错误的决断。他说："皇上之留居正，岂以其有利社稷耶？不知居正之在位也，才虽可为，学术则偏；志虽欲为，自用太甚。诸所设施，乖张者难以数举。"他列举了进贤未广、决囚太滥、言路未通、民隐未周等事为证，还颇为放肆地引用明神宗挽留张居正敕谕中的话"朕学尚未成，志尚未定，先生既去，前功尽瑊"，加以讥讽。邹元标说："幸而居正丁艰，犹可挽留。脱不幸遂捐馆舍（按：意即死去），陛下之学将终不成，志将终不定耶？"然后，笔锋一转，对张居正的乞归疏文进行无情的揭露和抨击："臣观居正疏言，是'有非常之人，然后办非常之事'。若以奔丧为常事，而不屑为者。不知人惟尽此五常之道，然后谓之人。今有人于此亲生而不顾，亲死而不奔，犹自号于世曰：我非常人也。世不以为丧心，则以为禽兽，可谓非常之人哉？"又说"三年之丧，果可谓小节乎？先朝李贤夺情起复，罗伦力排斥之。居正之不归，无情可夺，无复可起，远非贤之俦矣。"邹元标在奏疏的最后，危言耸听地写道："居正一人不足惜……后世有揽权恋位者，辄援居正故事，甚至窥窃神器，贻祸深远，难以尽言者矣。"①

邹元标写成此疏后，揣入怀中，入朝时，适见吴中行等人受廷杖。邹元标在一旁发愤切齿顿足，怒不可遏。等廷杖完毕，向太监提交奏疏，谎称："我是告假本。"又厚加贿赂，才使此疏得以呈进。这种犯颜极谏不怕死的精神确实可嘉，但结局可以预料。当天圣旨下：将邹元标廷杖八十，发谪极边远卫所充军。

这次明神宗廷杖诸人，吴、赵稍轻，沈、艾较重，邹元标受伤最深。据沈思孝事后回忆当时的情景："杖之日，交右股于左足之上，以故止伤其半，出则剔去腐肉，以黑羊生割其臑，敷之尻上，用药缝裹，始得再生。"②在发配途中，血还在涔涔而下。邹元标事后对沈德符说：每遇天阴，腿骨间常隐隐作痛，因此晚年不能作深揖。留下了如此严重的后遗症。邹元标充军的地方贵州都匀卫，僻处万山丛中，他却怡然处之，静下心来研究理学。

---

① 《吉安府志》卷33，第436页。
② 《万历野获编》卷18，《刑部·廷杖》，第476页。

"夺情"风波至此已稍稍平息。

实际上，夺情在汉、唐、明代都有前例可援，古代一些名臣如汉代的赵憙、耿恭，唐代的房玄龄、杜如晦、褚遂良、张九龄，都有夺情之事，他们并未遭到弹劾，后代的史书对此也不责难，难道他们就不知孝亲的大义？由此可见，反夺情虽有纲常伦理为依据，言之凿凿，但是夺情本身未必就是不合礼法的行为。对此，反对派失之偏颇而又操之过急，从而被张居正抓住机会，一举扑灭。

十月二十六日，张居正向明神宗谈起他的苦衷："如臣之愚，凡所注措，惟知求利国家，不能取谐流俗。以此致恨，理或有之。若谓欺藐君父，则臣固知其必无也。""今言者已诋臣为不孝矣，斥臣为贪位矣，詈臣为禽兽矣。此天下之大辱也，然臣不以为耻也"；"今诸臣已被遣斥，臣不敢又救解于事后，为欺世盗名之事。前已奏称遵谕暂出，今亦不敢因人有言，又行请乞，以自背其初心。但连日触事惊心，忧深虑切。"①

明神宗当然是安慰有加："朕为卿备加恩恤，曲全父子之情；卿为朕抑情顺命，实尽君臣之义，于纲常人纪何有一毫之损？这厮每明系藐朕冲幼，朋兴诋毁，欲动摇我君臣，倾危社稷。卿虽曲为解说，于法决是难容。所奏朕已具悉，卿亦务勉遵谕旨，用成大忠大孝，以终顾托之重，勿以浮言

---

① 《张太岳集》上，奏疏，卷6，《乞恢圣度宥愚蒙以全国体疏》，第133、134页。

介怀。钦此。"[1]

转瞬间，张居正父丧"七七"（共四十九天）期满。十一月初五日，明神宗命鸿胪寺少卿陈学曾传旨给张居正，以父丧七七期满，请他于初六日入阁办事。到了初六那天，明神宗特差文书官孙斌前来宣召，要张居正至平台接受召见。

这是"夺情"以来，君臣二人的首次会面。

明神宗说："朕为社稷屈留先生，先生无忘付托，成全始终，方是大忠大孝。"

张居正听了备感哽塞地说：一心为国，不能曲徇人情，以致丛集怨仇，乞早放归，以全晚节。"

这当然是一种姿态，并非真的想就此辞官不干。明神宗也深知其意，便好生劝慰道："群奸人乘机排挤的，自有祖宗法度处治，先生不必介怀。"[2]

说罢，赏赐银四十两、彩缎四表里及酒馔，并命张居正即日前往内阁处理公务。

万历初期，内阁也实在少不得张居正。他虽然居丧在家，但一应大事仍非他拍板不可。事实上，他在闻父丧一二日以后，在家办丧事的同时，从未间断对公务的处理。内阁办事人员不断拿着公文到张府，请他票拟谕旨，然后禀报次辅吕调阳、张四维。有时候，吕调阳、张四维索性每天去张府请

---

① 《张太岳集》上，奏疏，卷6，《乞恢圣度宥愚蒙以全国体疏》，第134页。
② 《明神宗实录》卷69，万历五年十一月戊午。

示。司礼监掌印太监冯保也常常派人赶赴张府，请问"某人某事张先生云何"。张居正虽然居丧，但仍以政务为重，来者不拒，一一应付自如。自从廷杖弹劾他的五人后，张居正为了接见官员方便起见，索性在丧服中穿上了官服冠裳。接待官员谈公事，就脱去丧服；办丧事时，套上丧服衰绖。由此可见，张居正确实是一个不曲徇于人情世故，嫌怨有所不避的磊落奇伟的政治家。

从初六日开始，张居正登朝视事，出朝房见客，便一如往常，身穿官服，衣绯悬玉，甚至还参加一些吉庆典礼，这又引起了一些守旧官员的非议。

"夺情"已成定局，余波仍在激荡。十一月二十四日，南京浙江道御史朱鸿谟（字文甫，号鉴唐，山东青州人）上疏为吴中行、赵用贤、艾穆、沈思孝、邹元标五人鸣冤。说此五臣"未卜生还之期"，"永绝国门之望"，万一有什么不幸，"上伤陛下好生之仁，下沮忠臣敢言之气"。因此，他敢于违抗"不许救扰"的严旨，上疏言事。结果，明神宗降旨将他夺职为民。

诚然，"夺情"事件可算得上万历五年政坛上的一件大事，其影响之大，震动了朝野上下，民间里巷也沸沸扬扬。然而传统伦理道德力量不论多么可畏，还是敌不过强大的政权力量。在这场斗争中，张居正胜利了。在反对"夺情"的人群中，有不少人是打着纲常伦理的幌子，对张居正其人和万历新政有所非议，企图迫使张居正离职守制，从而达到中断新政的目的。而张居正在衡量了新政与守制之间的轻重之后，毅然冒天下之大不韪，策划"夺情"之局，并固执到底，毫不退让。其手段固然不足为训，但其执着的精神却令人感动。显示了他为成大事对诸所谤议在所不顾的大政治家风度，也透露了这个铁腕人物对权位的贪恋心态。至于明神宗，出于对张居正的依赖，以及新政不可半途而废的考虑，也百般挽留。张居正的"夺情"策划与明神宗的"夺情"决心，是如此之合拍与相得益彰，因而使反对者无法再在这件事情上做成什么文章。从这种意义上讲，"夺情"与新政息息相关。明神宗"夺情"捍卫了新政的继续开展，再次击退了守旧势力对新政的反扑逆流，这是张居正之改革之所以能够成功的一个重要因素。

第八章　增加国库收入的良方

张居正改革面临的最棘手的问题，是愈来愈严重的财政危机，主要表现在国家征粮田亩数在日益减少，赋税收入的来源在逐渐枯竭。从明初到隆庆五年(1571年)，不足二百年，征粮田亩数减少一半，其他屯田、盐法的收入也亏损到一半甚至十之七八。全国税收只能完成三成，拖欠的有七成之多，全年总收入二百五十万两，支出要四百万两，赤字达到三分之一强。考成法施行后，情况有所好转。万历五年(1577年)的政府收入比隆庆年间多出三分之一，财政危机得以缓和，改革在经济上已初见成效。但是张居正仍然怀有隐忧，因为依靠追缴欠税、督缴正赋，只能缓解一时之急，是治标不治本之术，并不能堵住逃税、漏税的源头，成效也不稳定。欠税补交了，不再欠了，但财政收入却没有相应地长远增长办法。根据万历七年(1579年)户部《御览钱粮数目》的统计，万历五年(1577年)国家收入总计四百三十五万余两，次年即下降为三百五十五万余两，一年即少收约八十万两，如此年复一年，又如何能保证国库有稳定的收入？张居正不无忧虑地指出，国家财政若无匮乏之虑，必须在三年收支中，有一年的积余。目前量入为出，已觉费力，没有足够的财力做后盾，一旦遇有灾荒或战乱，又何从容应对？从国家的财政储备做长远的考虑出发，张居正大刀阔斧地开始了他的经济改革：清丈田粮与推行一条鞭法。

一、清丈田粮

节流安民，清源固本，想方设法增加国家财政收入，这是张居正经济改革所要解决的根本问题。

张居正的经济改革，以"清巨室，利庶民"，充实国库为原则。

万历新政是从政治改革入手，政治改革取得一定成效之后，才转入经济改革的。新政面对的是长期积累下来的国库空虚、民生疲敝的老大难问题，以综核名实、信赏必罚为原则，以严厉的考成法为手段的万历初期改革，虽然使国家财政有了明显的好转，但不能从根本上解决问题。

明王朝财政困难由来已久，远的姑且不说，嘉靖、隆庆年间国库年年亏空。以嘉靖七年（1528 年）到隆庆五年（1571年）的情况为例来看，太仓银库岁出入银数比较的结果，没

有一年盈余，全是亏空。参见下表：[①]

年　份	岁入银数（两）	岁出银数（两）	盈亏约数（两）
1528 年	1,300,000	2,410,000	亏 1,110,000
1548 年及以前数年	2,000,000	3,470,000	亏 1,470,000
1549 年	3,957,116	4,122,727	亏 165,611
1551 年	2,000.000	5,950,000	亏 3,950,000
1552 年	2,000,000	5,310,000	亏 3,310,000
1553 年	2,000,000	5,730,000	亏 3,730,000
1554 年	2,000,000	4,550,000	亏 2,550,000
1555 年	2,000,000	4,290,000	亏 2,290,000
1556 年	2,000,000	3,860,000	亏 1,860,000
1557 年	2,000,000	3,020,000	亏 1,020,000
1563 年	2,200,000	3,400,000	亏 1,200,000
1564 年	2,470,000	3,630,000	亏 1,160,000
1565 年	2,200,000	3,700,000	亏 1,500,000
1567 年	2,014,200	5,530,000	亏 3,515,800
1568 年	2,300,000	4,400,000	亏 2,100,000
1569 年	2,300,000	3,790,000	亏 1,149,000
1570 年	2,300,000	3,800,000	亏 1,500,000
1571 年	3,100,000	3,200,000	亏 100,000

无怪乎隆庆三年（1569 年）明穆宗向户部索银时，张居正对皇上大叹苦经：

---

① 樊树志著：《万历传》，人民出版社 1993 年版，第 118 页。

　　臣等看得：祖宗朝国用、边饷俱有定额，各处库藏尚有赢余。自嘉靖二十九年，虏犯京师之后，边费日增，各处添兵添马，修堡修城，年例犒赏之费，比之先朝，数几百倍，奏讨请求，殆无虚日。加以连年水旱灾伤，百姓征纳不前，库藏搜括已尽。臣等备查御览揭帖，计每岁所入，折色钱粮及盐课、赃赎事例等项银两，不过二百五十余万，而一岁支放之数，乃至四百余万，每年尚少银一百五十余万，无从措处。生民之骨血已罄，国用之费出无经。臣等日夜忧惶，计无所出。①

　　在传统帝制时代，中国是一个农业国家，国家的财政主要是通过征收赋税来实现的。明初的赋税制度基本上是沿袭唐中叶以后的两税法，向土地所有者征收田税，按人头派差役，分夏秋两季征收，所以土地和户口是明王朝财政和劳动力的主要来源，这两者都要以相应的计量为前提。明初经过战争的重创，土地大量抛荒，人口成批逃亡，田地和人头都已失实，为此重新进行审核整顿，以户为主，登记造册，用黄册记载户口，鱼鳞册绘制田亩，详列丁口、田产及应负担的赋役，一式四份进行登记，分置各级官府，作为定额征收的根据。随着岁月的更替，田地和户口都有变化，因此每十年要重新编订一次，增删补漏，这是税收的主要来源。其他如鱼课、盐课、茶课、桑丝、药材等商品生产的税收都有定制。确切的人口和田亩，是国家税收与财政来源最稳定的保障。

① 《张太岳集》上，奏疏，卷1，《请停取银两疏阁中公本》，第12页。

两税法虽然使国家的财源有了保证，但在明中叶后，随着土地兼并的日益发展，民间的土地和户口逐渐集中至勋臣、贵戚和大地主手中。他们倚仗特权，贿赂官府，隐占人口，瞒田偷税，逃避差役。到万历朝前夕，法定的征粮田亩数比明初减少一半，户口减少三分之一强，大批的田地和户口流进权贵豪强私家，使国家财源日渐衰竭，这是明中期财政危机的主要根源。国家财政收入不足支出，就用各种加派、加征的办法搜刮民众；为了供应日益增多的宗藩禄米和官员俸银，在定额的税收以外，又加"岁派"，其后又因宫室建筑的耗费再加"坐派"，各种苛捐杂税接踵而来。国家依靠加大税收来填补亏空，其结果是国愈匮，民愈穷，形成恶性循环，同时又加剧了社会矛盾。更重要的是，明中叶官场腐败，麻木不仁，纵容姑息，得过且过，素位尸餐的现象愈演愈烈，已经到了不整治就会难以收拾的地步。

面对明王朝日益严重的财政危机，统治集团内部的意见并不统一，有各种建议和见解，张居正取得首辅地位后，在调查研究比较后认为：方今言理财者，纷纷纭纭，都没有触及问题的要害，要想真正解决问题，就必须从制止土地兼并，堵塞瞒产偷税的漏洞入手整顿。

这，可谓抓住了问题的实质。

因为从嘉靖以来，官员勾结豪门，"割上肥私"，主政者姑息养奸，"政以贿成"，在官员的纵容下，大量民田、人口被豪门侵吞，肇成"私家日富，公室日贫"的后果。只有"杜绝贿门，痛惩贪墨"才能做到富国强兵。豪门行贿与官员受贿是一场权力与利益的买卖，有买才有卖，"买"在前，"卖"在后，是需求决定行为；再从另一面看，有卖方的诱惑，才有买方的趋之若鹜，所以行贿与受贿又是权钱交易的双生子，双双结胎于制度的裂缝。有缝隙可钻才有贿赂腐败的可能，如果把这门关死，使行贿者无缝可钻，使腐败者无从得逞，这就要堵塞由于制度的缺陷有可能造成的漏洞，并严加惩办贪官污吏，抑制兼并，这样才能使国家和民众上下受益。在此情况下，张居正就将"抑豪强，固邦本"作为长治久安之术。

中国传统社会本是权力统治财产的社会，它以层层相隶属的等级关系建构统治体制，一姓王朝取得统治，立即拥有对全国土地的支配权，皇室、亲王、贵戚、勋臣都能分享到土地。明初，朱元璋赐给王侯、贵戚、功臣诸多庄田，这是载入"金册"的土地，享有免征赋税和差役的特权。虽然在法律上规定赐田以外的私产并不享受这种优惠，但在明中叶后法制废弛，豪强权贵肆无忌惮地兼并土地，倚仗特权不交税纳粮，官府无可奈何，形成不成文的潜规则。这种潜规则之所以能通行无阻，是因为官员也享有同样的特权，他们按照各自的品级，免除一定数量的差役，不仅是在职官员的家属悉免徭役，连生员除本人免役外，户内也可优免二丁。明中叶后又发展成按品级免税粮，到明末一品大员可免税田一万亩，按序递减，最末的生员也能免交八十亩的税粮。虽然法制规定只是免役，但明代役法是"以民为役，以田制役"，田亩和丁口都可作为征役的对象，由优免田而获得优免粮，这就给以免役为名而行逃税之实留下缺口。实际上官绅与勋贵们一样无视朝廷法规，在优免田以外本应纳税的私产也能设法免征。利益的契合使政府官员与豪强权贵同流合污，三亲六眷都能沾光，一户势要之家获得优免权，投附者纷至沓来，冀图得到特权者的荫庇，当然，这是要付出代价的，那就是奉献自己的田产，由此形成"投献"之风，大片土地被权贵兼并。

明中期的投献之田，既有权贵强取豪夺的，也有百姓自愿奉献的。隆庆初年的首辅徐阶在家乡松江拥有田产二十四万亩，佃户上万人，家人数千名，"半系假借"，其中半数都是投献而来，这种情况在明末并不鲜见。为什么会出现一批批自愿投献者？这是因为明代的赋役愈来愈重，超过了一般农家所能承受的最大限度，因此，他们不得不投靠权贵得到荫庇，以避重就轻。这宁可向私家交租，也不愿向公家供赋役的现象，揭示了以朝廷为代表的政府利益与农民的矛盾已超出地主与农民的矛盾之上，实际上是朝廷的赋税政策把大批农民驱向权贵地主的一边。虽然不论是"公室"朝廷，还是"私门"权贵，都是地主阶级的代表，但他们都分属地主阶级的不同阶层，拥有各自的权益，即使代表地主阶级整体利益的朝廷，也会走向反面，扰乱权益分配的基本原则，迫使农民的生活难以为继，不得不另寻生路。如此，土地兼并，瞒产逃税，已成为危害国家利益和民众利益的最大祸害。

面对这样重大的社会弊病，张居正旦夕为念，他清醒地认识到，各地方税重差繁，无名之征过多，以致民穷财尽，反不能完成国家的赋税。对于豪强侵占民产、偷税逃役的种种恶行，官府不敢过问，反令下户贫民包赔。良民被逼无奈，有的逃亡，有的沦为盗贼，民间因此作乱不息，长期动荡。贪官污吏，田赋不均才是致乱之由。因此，在万历初期的改革中，张居正才会先将力行考成法作为重点，惩治贪官，整顿官府，打击不法权贵。

为了摆脱困境，张居正理财思想的宗旨在于开源节流双管齐下。他从汉武帝时代的理财家桑弘羊"民不益赋而天下用饶"的原则出发，提出"不加赋而上用足"的理财方针，但这必须由严格的考成法予以保证。他在给地方官的信中如此说："考成一事，行之数年，自可不加赋而上用足。"[1] "不加赋而上用足"是一个高明的治理之术，有别于那些只会通过加赋以足国用的庸才治理之术。张居正的不加赋而上用足，不是一句漂亮的门面语，而是有具体措施作为保证的，那就是"惩贪污以足民"，"理逋负以足国"，两手并下，整治贪官污吏化公为私和打击势豪奸猾拖欠赋税，以裁抑他们的非法所得为手段，来增加国家的财政收入。

万历四年（1576年）七月，张居正向明神宗上《请择有司蠲逋赋以安民生疏》，建议将明年春季的例行考核官员与蠲逋赋以安民生结合起来。

---

[1] 《张太岳集》中，书牍，卷7，《答山东抚院李渐庵言吏治河漕》，第148页。

张居正指出，致理之要莫要于安民，欲安民又必加意于牧民之官。经过前几年的整顿，地方官莫不争自淬励，勉修职业。但是，虚文矫饰，旧习尚存；剥下奉上，以希声誉；奔走趋承，以求荐举；征发期会，以完簿书；苟且草率，以逭罪责等情况仍然存在。

针对上述情况，当明春外官考察之期，张居正希望明神宗特敕吏部，预先虚心访核各有司官贤否，以安静宜民为上考；沿袭旧套、虚心矫饰为下考。以此为标准，层层考核。如果抚按官不能悉心甄别属官贤否，而以旧套了事，那么抚按官便考定为不称职，吏部宜秉公黜革；如果吏部不能悉心精核，而以旧套了事，那么吏部官便考定为不称职，朝廷宜秉公更置。只有以这种态度，才能真正解决逋赋（拖欠赋税）问题。

张居正还指出，一方面，长期以来，势豪大户侵欺积猾，规避赋税，地方官皆畏纵而不敢过问，反将下户贫民责令包赔；另一方面，各级政府不能约己省事，无名之征求过多，以致民力殚竭，反不能完公家之赋。近几年来，因推行考成法，各级官员担心降罚，便不分缓急，一概严刑追并。更有甚者，又以资贪吏之囊橐，以致百姓嗷嗷，愁叹盈间。因此在整理逋赋的时候，还应注意对下户贫民的减免工作，"以苏民困"。①

---

① 《张太岳集》上，奏疏，卷5，《请择有司蠲逋赋以安民生疏》，第97页。

七月初六日，明神宗接到张居正的奏疏时，当天即就考成与通赋二事批示吏、户二部："近来各地方官虽颇知守己奉法，然虚文粉饰旧习未除。今朝觐考察在迩，着吏部悉心访察各官贤否，惟以牧爱宜民者为最，其有弄虚文、事趋谒、剥下奉上以要浮誉者，考语虽优，必置下等，并抚按官一体论黜。近又闻各有司官催征钱粮不分缓急，一概严并，又畏纵富豪奸猾，偏累小民，致有流离失所者，朕甚悯之。今后除见年应纳钱粮不免外，其以前拖欠，着户部分别年月久近，分数多少，具奏蠲免。万历五年漕运粮米，暂行改折十分之三，以宽民力。各着实奉行。"①

由此可见，在理财思想方面，明神宗与张居正有很多共同点，都主张节省国家财政和宫廷财政的支出；强化户部的财政事务管理机能；打击势豪奸猾侵欺；解决地方的"民困"，等等。

不过，张居正也清楚，要从根本上解决国家财政问题，就必须正本清源，彻底消除田产失实、赋役不均的病根，对隐占田地者加以清理、追究，解除小民无辜赔偿之累，使民众安于田里才可以辑宁邦本。而这一切都有赖于重新清丈田地，按实有田亩征税。

国家向地主征田赋，田多的多征，田少的少征，按田亩的多少核算赋税，从法制上说是公平的，这也就是封建土地

---

① 《张太岳集》上，奏疏，卷5，《请择有司蠲通赋以安民生疏》，第97页。

所有制的条件下均税的实质性内容。如果田多的纳税少，或田少的多纳税，甚至田地已被豪强占有，而田赋仍留在原田主的名下，造成田去税存的现象，这就会发生赋税不均的社会公害。清丈的出发点，就是要做到"粮不增加，而轻重适均，将来国赋既易办纳，而小民如获更生"。农民既为逃避赋税而投献，就要由受献者承担赋税，清丈查出隐占的土地，一律补交税款。

张居正对田赋的侵欺拖欠极为不满，认为此"姑息之政"仅仅仰赖考成的方法已难以解决，只有采取重新清丈田粮的重大举措才可完成。

他在《答应天巡抚宋阳山论均粮足民》一文中说：

> 来翰谓苏、松田赋不均，侵欺拖欠云云，读之使人扼腕。公以大智大勇，诚心任事。当英主综核之始，不于此时剔刷宿弊，为国家建经久之策，更待何人！诸凡谤议，皆所不恤。

> 即仆近日举措，亦有议其操切者。然仆筹之审矣。孔子为政，先言足食，管子霸佐，亦言礼义生于富足。自嘉靖以来，当国者政以贿成，吏朘民膏以媚权门；而继秉国者又务一切姑息之政，为逋负渊薮，以成兼并之私。私家日富，公室日贫，国匮民穷，病实在此。

> 仆窃以为贿政之弊易治也，姑息之弊难治也。何也？政之贿，惟惩贪而已。至于姑息之政，倚法为私，割上肥己，即如公言"豪家田至七万顷，粮至二万，又不以时纳"。夫

古者大国公田三万亩，而今且百倍于古大国之数，能几万顷，而国不贫？故仆今约己敦素，杜绝贿门，痛惩贪墨，所以救贿政之弊也。查刷宿弊，清理逋欠，严治侵渔揽纳之奸，所以砭姑息之政也。上损则下益，私门闭则公室强。故惩贪吏者，所以足民也；理逋负者，所以足国也。官民两足，上下俱益，所以壮根本之图，建安攘之策，倡节俭之风，兴礼义之教，明天子垂拱而御之。假令仲尼为相，由、求佐之，恐亦无以逾此矣。

今议者率曰："吹求太急，民且逃亡为乱。"凡此，皆奸人鼓说以摇上，可以惑愚暗之人，不可以欺明达之士也。夫民之亡且乱者，咸以贪吏剥下，而上不加恤；豪强兼并，而民贫失所故也。今为侵欺隐占者，权豪也，非细民也；而吾法之所施者，奸人也，非良民也。清影占，则小民免包赔之累，而得守其本业；惩贪墨，则间阎无剥削之扰，而得以安其田里。如是，民且将尸而祝之，何以逃亡焉？公博综载籍，究观古今治乱兴亡之故，曾有官清民安，田赋均平而致乱者乎？故凡为此言者，皆奸人鼓说以摇上者也。愿公坚持初意，毋惑流言。①

由此可见，张居正清丈田粮的主要目的在于"杜绝贿门，痛惩贪墨"；"查刷宿弊，清理逋欠，严治侵渔揽纳之奸，所

---

① 《张太岳集》中，书牍，卷6，《答应天巡抚宋阳山论均粮足民》，第128—129页。

以砭姑息之政"，增加国家的财政收入。

对于清丈田粮的困难性，张居正也有深刻的认识。他说："丈田一事，揆之人情，必云不便"，但决心"苟利社稷，死生以之"①，"丈地亩，清浮粮""须详审精核，不宜草草。"②将清丈田粮的治理政策进行到底。

经过充分酝酿，在政治改革已取得初步成效的情况下，张居正不失时机地把改革的重点转移到经济领域。

万历五年（公元 1577 年），张居正开始着手准备调查田地、户口事宜。

万历六年（1578 年）十一月，张居正正式以明神宗名义下令在福建省首先试行清丈田地，平均赋税的清丈田粮的政策，并由户部尚书张学颜亲临第一线，主持清丈各府州县所有的庄田、民田、职田、屯田、荡地、牧地等一切生产用地。按照实际田亩分上、中、下三等纳税，从严惩办欺隐之罪，对于最狡猾的江南豪强，特别选派精悍的大吏督责，一定要做到详审细核。

万历八年（1580 年）九月，福建清丈完毕，清丈出隐瞒逃税田地二千三百一十五顷，于是张居正会同阁臣张四维、申时行及户部尚书张学颜等人决定，把福建丈量之法推行到全国各地。明神宗批准了这一决定，随即颁发清丈田粮八款，

---

① 《张太岳集》中，书牍，卷11，《答福建巡抚耿楚侗谈王霸之辩》，第237页。
② 《张太岳集》中，书牍，卷11，《答福建巡抚耿楚侗》，第250页。

前五条是政策性规定：

（1）清丈田粮以税粮是否漏失为前提，失者丈，全者免；

（2）清丈工作由各布政司总管，分守兵备道分管，府州县专管本境；

（3）区别官田、民田、屯田等类别，及上中下税粮科则，清丈时逐一查勘明白，使之不得诡混；

（4）清丈后，恢复各类田地应征之税粮；

（5）清丈中，有自首历年诡占及开垦未报者，免罪；首报不实者，连坐；豪右隐占者，发遣重处。

后三条是技术性规定，即关于清丈的日期、清丈田亩面积的计算方法及清丈经费等具体事项。①

万历九年（公元1581年）张居正又规定，凡是功臣之家，除朝廷调拨赏赐的公田以外的田土，尽数报官，与庶民一样纳粮。谁有田谁交税，使得兼并者无利可图，明神宗在批发这一文件的同时，明确向全国各地下令："各抚按官悉心查核，着实举行，毋得苟且了事，反滋劳扰。"②

清丈令的颁布是十分严肃的，对敷衍塞责的地方官严惩不怠。

万历九年（1581年）十二月，明神宗追究对清丈田亩持消极态度的官员，松江知府阎邦宁、池州知府郭四维、安庆

---

① 参见樊树志著：《万历传》，人民出版社1993年版，第122页。

② 《明神宗实录》卷106，万历八年十一月丙子。

知府叶梦熊、徽州府掌印官同知李好问等，受到"住俸戴罪管事"①的处分，责令他们将功补过。对于阻挠丈量的豪民，明神宗也决不宽恕。他抓住建德县豪民徐宗武等阻挠丈量的事例，通令全国，一方面命令豪民徐宗武等将九年拖欠钱粮追夺还官，另一方面对包庇豪民的徽宁兵备道程拱辰，给予"住俸"②戴罪督责丈量的处分。

在朝廷的强大政治压力下，从万历八年到万历十一年（1580—1583年），清丈工作在全国各地陆续完成。

万历清丈是继洪武清丈之后第二次全国规模的田地税粮清理工作，成效是很显著的。

第一，清丈之后，田有定数，赋有定额，部分地改变了税粮负担不均的状况。"有粮无地之民得以脱虎口"③。

第二，清丈出不少隐匿田地，使政府所控制的承担税粮的耕地面积大幅度增加。如浙江衢州府西安县，清丈后不仅改变了原先田地缺额、税粮无着的状况，而且查出了隐匿田地，补足原额外，还多余田地一百一十三顷二十八亩。这种情况，似乎是全国性的通例。例如山东丈出（新增）民地三十六万三千四百八十七顷、屯地二千二百六十八顷，较原额增加百分之四十；江西丈出（新增）六万一千四百五十九

---

① 《明神宗实录》卷119，万历九年十二月乙未。
② 《明神宗实录》卷119，万历九年十二月己亥。
③ 万历《沧州志》卷3《田赋志》。

顷，较原额增加百分之十三。

第三，北方地区在清丈中统一亩制，改变先前存在的大亩、小亩相差悬殊的不合理现象，一律以二百四十步为一亩。南方地区在清丈中统一科则，改变先前存在的官田、民田税粮科则轻重悬殊的不合理现象，实行官田、民田税粮科则一元化。

尽管清丈田粮存在不少弊端，但成效毕竟是十分显著的，清查出了大量的隐匿、遗漏田地，使政府控制的纳税田地面积有大幅度增长。全国丈出（新增）田亩面积，大多数可以从各地总督、巡抚、巡按向朝廷提交的清丈报告中获得一个比较确切的统计数字。请看下表：[①]

地　区	丈出（新增）田亩（单位：顷）
北直隶	33,255.00
南直隶	49,898.70
浙　江	45,896.15
江　西	61,459.54
湖　广	551,903.54
福　建	2,315.00
山　东	365,755.00
山　西	6,100.00
河　南	64,324.55
陕　西	3,988.32

① 樊树志著：《万历传》，人民出版社1993年版，第124页。

四　川	264,520.00
广　东	80,194.64
广　西	768.87
云　南	15,084.34
贵　州	1,594.95
总　计	1,547,058.60

　　除南北直隶及十三布政司之外，边镇地区也进行了清丈，这些地区的丈出（新增）田亩也不少（见下表）：①

大　同	70,251.19（顷）
辽　东	32,578.70
蓟　辽	10,817.11
宣　府	63,100.36
延　绥	39,753.42
陕西三边	18,990.00
甘　肃	45,993.35
总　计	281,484.13

　　这就意味着，清丈后增加了 1,828,542.73 顷，比清丈前的原额（万历六年统计）5,182,155.01 顷，增加了百分之三十五点二八，说明清丈田粮取得了巨大的成功。虽然其中有一些虚报数字，但承担赋税的耕地面积大幅度增加则是毋庸置疑

---

　　① 樊树志著：《万历传》，人民出版社 1993 年版，第 124 页。

的事实，它对于国家财政收入的增加，其意义不言而明。

这是自明初朱元璋清丈田地后两百年没有的大规模清丈土地运动，涉及全国各地，方方面面。清查田粮的结果，严厉打击了权贵大地主，迫使他们守法，不敢再轻易兼并土地、瞒产逃税，里甲乡邻免受贴累之苦，小农户也不致再有虚粮，农民减轻了负担，国家不用加赋而做到增加收入，扭转财政亏损，确实做到了增加国力的明显效果。

清查田粮的成功，说明了政府只要决心做某种事情，一般而言没有不成功的道理。张居正先有考成法在先督导，后有正确措施推进，加上雷霆万钧的手段，从而取得了巨大的成功。

二、一条鞭法

赋税不均的现象初步克服后，随之需要解决的是徭役问题。清丈土地的告成，为全面的赋役改革准备了条件，万历四年（1576 年），张居正先在湖广地区试行一条鞭法，然后再推向北方，于万历九年（1581 年）始在全国推广。

"一条鞭法"，又称"类编法""明编法""总赋法"等。《明史·食货志二》将此表述得十分清楚明白："一条鞭法者，总括一州县之赋役，量地计丁，丁粮毕输于官。一岁之役，官为金募。力差，则计其工食之费，量为增减；银差，则计其交纳之费，加以增耗。凡额办、派办、京库岁需与存留、供亿诸费，以及土贡方物，悉并为一条，皆计亩征银，折办于官，故谓之一条鞭。立法颇为简便。嘉靖间，数行数止，至万历九年乃尽行之。"

明朝的赋役除正赋田税外，其他各种杂税和力役的名目繁多，重叠征收。弘治时夏税秋粮多达四十一项，万历时又增至五十多项，额外增收难以计数，税粮交仓，一石米要三石米的运费，田粮折银，每两要加火耗二钱至五钱。一条鞭法，即是将赋役中的各项名目如杂泛、均徭、力差、银差等项合为一种，将力役归入田赋，一律按田亩核算，统一征收。除了上缴朝廷的漕粮外，都可改折银两，以货币税代替实物税，允许被征调的差役出银雇人代役。同时简化征收的手续，减去由里甲征收的中间层次，改成官收官运。

一条鞭法将徭役归入田赋，虽然同样都是由民众承担，但以身服役，此人身就不由自己支配，以银充役却使人身有了自由支配的选择，这是中国封建社会历史中前所未有的创举，已大大超出均赋役的意义，进一步减轻了土地对劳动力的束缚。自此以后，在全国通行计亩征银的同时，又具有了以银代役的机制，只要出钱就可以免除力役，削弱了人身依附，扩大了货币流通的范围，使农民可以脱离土地到城镇打工，商贩和工匠获得自由迁徙和自主经营的可能，这对促进商品经济的发展和资本主义生产关系的萌芽起了积极的作用。在资本主义已经在西方崛起的十六世纪后期，这是促进中国经济社会发展的重大革新，在客观上顺应了世界发展的潮流，在中国经济发展史上有不可磨灭的功绩。

一条鞭（一条编）法本非张居正的创造。其起源可追溯到宣德五年（1430年）。当时浙江巡抚周忱和苏州知府况钟建议按民田起科调剂赋役不均，被户部指责为变乱成法，不了了之。嘉靖九年（1530年），户部尚书梁材（字大用，号俭巷，南京金吾右卫人）提出革除赋役制度弊病的方案，其原则是把一个地区的徭役折算成银两，然后按照该地区人丁与税粮的数字加以平均摊派，平均每石税粮编派役银若干，每个人丁编派役银若干。嘉靖十年（1531年），御史傅汉臣把这种"通将一省丁粮，均派一省徭役"的方法，称为"一条编法"①。按傅汉臣"顷行一条编法"的说法，当时已有一些地方在试行此法。把一切徭役折银，把役银按丁、粮加以均派，带有把赋与役简化为一次编审，即一条编审之意，故称一条编法或一条鞭编审之法、一条鞭编银之法。

嘉靖十二年（1533年），宁国府、徽州府推行此法；嘉靖十六年（1537年），苏州府、松江府推行此法；嘉靖二十年（1541年），湖州府推行此法；嘉靖三十五年（1546年），江西推行此法；嘉靖四十二年（1563年），余姚、平湖推行此法。以后逐步由南而北地蔓延开来。

---

① 《明世宗实录》卷123，嘉靖十年三月己酉。

万历四年（1576 年）三月，户部左侍郎李幼滋向明神宗上疏，谈及近日各地推行一条鞭法之后，各项钱粮都折银征收，与先前折银征收的金花银无甚区别，地方官不加分辨，也混行催征造成一些不便。因此，李幼滋主张，今后推行一条鞭法时，务必将款项开明，如某户秋粮若干、本色若干、漕粮若干等等。对此，明神宗批复道："内外诸司凡事一遵祖宗成宪，毋得妄生意见，条陈更改，反滋弊端。"①

万历五年（1577 年）十一月，吏科给事中郑秉性上疏议论赋役，指出一条鞭法之好处在于革除了杂役的支应，也有并不尽完善的地方，例如尽数征银、贫富无等之类。明神宗的批复是尝试性的推进："条鞭之法，前旨听从民便，原未欲概通行。"②

张居正则将一条鞭法作为整顿赋役，改善财政的有力措施，极力督促各地方官推行。他对湖广巡按御史说："一条编之法，近亦有称其不便者，然仆以为行法在人，又贵因地，此法在南方颇便，既与民宜，因之可也。但须得良有司行之耳。"③ 又对山东巡按说："条编之法，近旨已尽事理，其中言不便，十之一二耳。法当宜民，政以人举，民苟宜之，何分南北。"④ 在张居正坚持下，万历九年（1581 年），明神宗

---

① 《明神宗实录》卷 48，万历四年三月丁未。
② 《明神宗实录》卷 69，万历五年十一月甲寅。
③ 《张太岳集》中，书牍，卷 8，《答楚按院向明台》，第 173 页。
④ 《张太岳集》中，书牍，卷 9，《答总宪李渐庵言驿递条编任怨》，第 129 页。

决定把一条鞭法推广到全国各地，使一条鞭法成为全国统一的新赋役制度。这就是《明史·食货志二》所说的："总括一州县之赋役，量地计丁，丁粮毕输于官，一岁之役，官为佥募。"把过去按照户、丁派役的方法，改变为按照丁、粮（地）派役，也就是说，把差役的一部分转移到税粮（即土地）中去。与此同时，税粮中除去漕粮、白粮必须征米外，其他实物都改为折收银两，并由官府统一征收、解运。它部分地改变了过去赋役负担不均的状况，由于一条鞭编银征收，政府的征收简便而有所保证。

一条鞭法实施后，在江南取得了明显的效果。"行一条鞭法，从此役无偏累，人始知有种田之利，而城中富室始肯买田，乡间贫民始不肯轻弃其田矣。至今田不荒芜，人不逃窜，钱粮不拖欠"[①]。

由于南北经济情况及赋役制度的差异，而一条鞭法主要是依据江南情况制定的，推广到北方之后，在一个短时间内必然会带来一些不便。但它在总体上符合经济发展的趋势，即使先前认为一条鞭法不便的人，也不得不承认实行一条鞭法之后，"邑士称其便"[②]。正是基于这一基本事实，万历以来编纂的地方志，大多称赞一条鞭法，如崇祯《历乘》所列举的一条鞭法十利就颇具有代表性。这十利是：

---

① 顾炎武：《天下郡国利病书》卷14，《江南》。
② 于慎行：《谷城山馆文集》卷34，《与抚台宋公论赋役书》。

（1）通轻重苦乐于一里十甲之中，则丁粮均而徭户不苦难；

（2）法当优者不得割他地以利荫；

（3）钱输于官而需索不行；

（4）又折阅不赔累；

（5）合银力二差并公私诸需，则一人无丛役；

（6）去正副二户则贫富平；

（7）承禀有制而侵渔无所穴；

（8）官给银募人，而募人不得反复抑勒；

（9）富者得弛担，而贫者无加额；

（10）银有定例，则册籍清而诡寄无所容。

用历史的眼光看问题，不能否认，一条鞭法是中国赋役史上的一大进步。

一条鞭法是建立在清查土地和户口基础上的新税制，较以往的赋役制度相比明显具有四大优势：

一是赋役一律按田亩征收，这对拥有土地最多的封建地主来说，增加了本该由其负担的赋税，追交漏税，增加了国家的财源；

二是国家税收的一部分得以从农民转移到大地主身上，相应地减轻了农民的负担；

三是将劳役归于土地的政策，使商人得以摆脱徭役的牵制；

四是以银代役的举措，扩大了货币使用的范围，促进了商品流通，有利于松弛土地对农民的束缚，对商人、工匠、农民等各阶层，提供了可以流动的人身自由。[1]

一条鞭法把各种徭役折成银两，不但与赋税的货币化步调一致，而且可以统一以银两（货币）征解，使赋役简单化、一元化。所谓通计一省丁粮均派一省徭役，即按比例分别把役的折色银分摊在丁、地上，统征丁银、地银。比较而言，田多粮多者出银就多些，这显然相对合理化了。而赋役一律以银两（货币）作约计量单位，是符合整个社会商品经济发展趋势的。明代中后期商品经济的日趋繁荣，与这一经济背景有着密切的关系。

总而言之，万历新政的经济改革的效果是明显的。由于开源节流双管齐下，财政赤字渐趋消失，史称，"太仓粟可支数年，冏寺积金钱至四百余万"[2]。此话是有坚实的事实根据的。

户部管辖的太仓的收入，从嘉靖、隆庆年间每年二百万两白银左右，到万历初期，激增至三百万两至四百万两白银之间。从隆庆六年（1572 年）到万历五年（1577 年），这一变化十分显著，根据《明实录》中"太仓银库实在银数"的记载，大致呈现以下态势（见下表）：[3]

---

① 参见刘志琴著:《大明首辅张居正》，商务印书馆国际有限公司 2014 年版，第 123 页。

② 《明神宗实录》卷 125，万历十年六月丙午。

③ 樊树志著:《万历传》，人民出版社 1993 年版，第 128 页。

隆庆六年六月	2,525,616 两
六年十月	2,833,850 两
六年十一月	4,385,875 两
万历三年四月	4,813,600 两
三年六月	5,043,000 两
五年四月	4,984,160 两

据户部的奏报，隆庆元年（1567 年）前后，京师仓库贮存的粮食约七百万石，可支给京营各卫官军两年的消费；到了万历五年（1577 年），京师仓库贮存的粮食足可供六年的消费，增加了三倍。

兵部管辖的太仆寺（即所谓圊寺）的银两收入，到万历五年（1577 年）一举突破四百万两的大关。

从隆庆元年（1567 年）到万历二十年（1592 年），太仓银库岁入银两的增长十分明显。如果把嘉靖二十七年（1548 年）太仓银库岁入银两二百万两的指数定为 100.00，那么隆庆元年至万历二十年间太仓银库岁入银两及其指数，可以参考下表：①

---

① 樊树志著：《万历传》，人民出版社 1993 年版，第 129 页。

年　份	太仓银库 岁入银数（两）	指　数
隆庆元年（1567 年）	2,014,200	100.71
隆庆二年（1568 年）	2,300,000	115.00
隆庆三年（1569 年）	2,300,000	115.00
隆庆四年（1570 年）	2,300,000	115.00
隆庆五年（1571 年）	3,100,000	155.00
万历元年（1573 年）	2,819,153	140.96
万历五年（1577 年）	4,359,400	217.97
万历六年（1578 年）	3,559,800	177.99
万历八年（1580 年）	2,845,483	142.27
万历九年（1581 年）	3,704,281	185.21
万历十一年（1583 年）	3,720,000	186.00
万历十三年（1585 年）	3,700,000	185.00
万历十四年（1586 年）	3,890,000	194.50
万历十八年（1589 年）	3,270,000	163.50
万历二十年（1592 年）	4,512,000	225.60

这是张居正改革所带来的引人注目的变化，时人因此赞言曰："自正、嘉虚耗之后，至万历十年间，最称富庶。"[1]万历时期成为明王朝最为富庶的几十年，绝不是偶然的。

---

[1]　《明史》卷 222，《张学颜传》，第 5857 页。

第九章　在北部边防上的建树

　　王阳明说："大明虽大，最为紧要之地却只有四处，若此四地失守，大明必亡。"四处是宣府、大同、蓟州、辽东。正因为这四处边防非常重要，隆庆四年（1570年），防守这四处的人换成：宣府总兵赵苟，大同总兵马芳，蓟州总兵戚继光，辽东都督佥事李成梁。掌管宣府、大同的是宣大总督王崇古，掌管蓟州、辽东的则是蓟辽保定总督谭纶。这些人事的变动与安排，都与张居正有着很大的关系。隆庆元年（1567年），徐阶主政时，张居正参与机要政务，适逢诏令讨论边防，他出面奏请由谭纶、戚继光主办蓟州练兵。二人都是徐阶的故旧和门生，大学士李春芳、陈以勤又不想过问此事，于是，这件事顺利通过，张居正也顺理成章地分管了北方边防事务。继徐阶以后，张居正又得到首辅高拱的全力支持，拥有管理军备和外务的权力。万历初十年，张居正一直担任内阁首辅，因此终隆庆一朝与万历初期，明王朝边防事务的实际主持人是张居正。整饬守备，巩固边防，"外示羁縻，内修战守"是张居正推行边防新政的指导方针。在张居正的主持下，明王朝北部边防的用人、调防、训练、和战等方面都取得了很大的成绩，短短数年即平息边患，与蒙古俺答部落握手言和，封贡通市，这成为隆庆、万历新政的耀眼政绩之一。

一、选将练兵　积饷修守

张居正在军事上的改革是以强兵固边为目的，主要是整饬守备，巩固边防。

明朝的缔造者朱元璋是从反元起家的，元朝灭亡后，蒙古残部退到塞外，分裂为鞑靼、瓦剌和兀良哈三部，继续与明王朝为敌，不断骚扰北方边境。在张居正进行军事改革之前，明王朝与蒙古部落在北方边境一直是摩擦不断。

宣德以后，朝政败坏，边防废弛，逐渐强大的瓦剌威胁到明朝边境的安全。正统十四年（1449年），明英宗御驾亲征，在土木堡被掳，京师告急，举国震惊。幸得兵部左侍郎于谦成功地组织了反击，才转危为安，但却充分暴露了明朝政治的腐败和边防军事的脆弱，从此以后，明军士气不振，边患日益严重。

到嘉靖初年，鞑靼部俺答占领河套，坐镇一方，成为明王朝北方最大的边患。

俺答汗拥有骑兵十万，活动于今呼和浩特一带，并与西部河套的吉能部和东部辽东的土蛮部彼此呼应，不断侵扰三北边境。为此，明朝廷增兵增饷，选卫修垣，万姓疲劳，海内虚竭，每年仅九边（辽东、蓟镇、宣府、大同、山西、延绥、宁夏、固原、甘肃）军费即需银二百七十六万两，然而却成效甚微。

从嘉靖二十一年（1542 年）到二十二年（1543 年），俺答聚集力量，不断发兵南侵，连连侵犯大同、太原、平阳等三十八个州县，杀戮百姓多达二十余万人，掳掠牛、马、羊、猪二百万头（只），明朝军队反击不力，从此年年为患。首辅夏言任用曾铣总督陕西军务，奋起反抗，并取得初步的胜利。河套自被俺答占领后成为南侵的重要据点，曾铣主张收复河套，并得到夏言的积极支持，但由于内阁意见不一，迟迟不能行动，结果在这期间俺答骚扰不断，一度到达居庸关，京师告危。严嵩以此为由，诬陷夏言、曾铣轻举妄动收复河套，招致俺答的报复，并将他们处以死罪，肇成千古奇冤。嘉靖二十九年（1550 年）俺答又到顺义、通州掠夺，兵锋直逼京师，气焰熏天，朝野为之震惊。终嘉靖一朝，鞑靼先后三次兵临京师，给明朝统治者造成了严重威胁。

到隆庆时代，北方边境防务的虚弱已成为明王朝的心腹之患。

针对这一严重情势，张居正提出了自己的治边御敌方略。他主张以蓟州为北部边境和御敌守备的重心，对蓟州以西的俺答采取怀柔政策，封贡主和，对蓟州东面的土蛮则主战，这样，西可"避俺答之锋，而使其就范于我"，东可使敌"知其弱而冀其受制于我"。这种分而治之意在削弱其锋锐，以减轻边患压力的治边政策，后来证明是有成效的。

隆庆元年（1567年），张居正"进太师礼部右侍郎兼翰林院学士。未几，进吏部左侍郎兼东阁大学士，参赞机务。永乐大典成，进礼部尚书兼武英殿大学士"①。拥有"参赞机务"权力后，隆庆二年（1568年），张居正即向明穆宗上疏，请朝廷"饬武备"，修边防。在上疏中，张居正痛心疾首地指出：整饬边备已为当前急务。人无远虑必有近忧。守边之臣得过且过，边备未修是为当前堪称忧虑的大事，必须设法振作。

与此同时，张居正还在京城整顿军营，训练士兵，纠正骄惰之风，积极策划举行大检阅，希望通过这种方式，"以见皇上临御之初，留心边事，盖鼓舞振励之一机也"②，以此来焕发朝野上下整饬武备的意识和行动。

"大阅礼"即阅兵典礼。这样的演习，都要由皇帝亲临现场视察。要说动明穆宗举行阅兵典礼已属不易，又遭到南京刑科给事中骆问礼的强烈反对，认为练兵不是当今的急务，不必惊动圣驾亲临，这使得阅兵一事几乎搁浅。但张居正并不气馁，"以嘉靖之季，虏数犯塞，请举祖宗大阅礼，以饬

---

① 《张太岳集》下，行实，《太师张文忠公行实》，第375页。
② 《张太岳集》上，奏疏，卷2，《请谕戒边臣疏》，第24页。

戎事而振士气"①为由，再次上疏陈述举行大阅兵典礼的重要性。张居正说：

> 缘臣于去年七月，条陈六事内一款饬武备中议及前事，荷蒙圣明采纳允行。原臣本意，止以京营戎务废弛日久，缓急无备。先年虽屡经言官建白，该部题"奉钦依"，厘革整饬，迄今数十余年，竟无成效。臣窃以为国之大事在戎，今人心懈惰如此，若非假借天威，亲临阅视，不足以振积弱之气，而励将士之心。
>
> 又自皇上御极以来，如耕耤以示重农之意，视学以彰崇儒之美。一二大典礼，皆已次第举行，则大阅之礼，亦古者圣王诘兵治戎，安不忘危之意。且稽之列圣实录，在祖宗朝亦间有行者，遂尔冒昧具奏上请。其意但欲借此以整饬戎务，振扬威武而已。②

张居正认为如今举国上下军备懈怠，若非假借天威，亲自检阅，不足以激励将士，扬我军威。经过反复力争，终于得到明穆宗的同意，"遂以明年秋九月，大阅于北郊"③。

于是隆庆三年（1569 年），明穆宗在京师北郊举行了军事大演习。"是日，天子躬擐甲胄，太师戎服扈从。选卒十二万，戈铤连云，旌旗耀日。天子坐武帐中，观诸将士为偃月五花

---

① 《张太岳集》下，行实，《太师张文忠公行实》，第 375 页。

② 《张太岳集》上，奏疏，卷 1，《再乞酌议大阅典礼以明治体疏》，第 16 页。

③ 《张太岳集》下，行实，《太师张文忠公行实》，第 375 页。

之阵。已，乃阅骑射，简车徒。礼毕，三军之士皆呼万岁，欢声如雷。都城远近，观者如堵。军容之盛，近代罕有。"①这次阅兵有力地激励了士气，鼓舞了民心。

万历九年（1581年），明神宗再次举行了一次军事大阅兵，这当然还是张居正的主张。

事实上，严重的边患，已不容最高统治阶层再继续坐观国势的衰弱。

隆庆元年（1567年）九月，俺答入侵大同，陷石州，掠交城、文水，烽火照遍山西之中部。同时上蛮进犯蓟镇，掠昌黎、卢龙，直至滦河，整个北京又陷入战争的恐慌之中，直到十月才解严。

张居正对当时的局势洞若观火。他说："臣惟当今之事，其可虑者，莫重于边防；庙堂之上，所当日夜图画者，亦莫急于边防。迩年以来，虏患日深，边事久废。"②一方面，土木堡事件以来，军事积弊愈加深重，要想"一起而振之"，必须从源头上加以改变，其办法是："选将练兵、积饷修守等项事务，都要着实举行"③。另一方面，明代从明成祖朱棣以来实行以文官统率武官的政策，主管军事的统师都是进士出身，边防将领对部下没有独立的指挥权和调配权。指挥和实战的

---

① 《张太岳集》下，行实，《太师张文忠公行实》，第375页。
② 《张太岳集》上，奏疏，卷1，《陈六事疏》，第7页。
③ 《张太岳集》上，奏疏，卷2，《请谕戒边臣疏》，第24页。

脱节，严重地影响了将领的积极性。形势的变化要求统治者调整军事用人政策。

隆庆初年（1567年），在张居正的举荐下，谭纶出任蓟辽总督，他本是台州知府，长期在东南沿海任职，有丰富的反击倭寇的经验，像他这样通晓战争的文官在明代官僚体制中是非常罕见的。张居正以文官的身份为武将请命，要求练兵和作战摆脱"巡关御史监军"①的牵制，减少地方官干涉军务的权力，这是对一百五十多年来以文制武传统的挑战。地方巡抚刘应节、巡关御史孙代等都激烈反对，但都不是张居正的对手。在首辅徐阶的支持下，张居正为谭纶争得了独立的指挥权，开了有明一代提高地方将领权力和社会地位的先例。

为了加强北方边防的实力，隆庆二年（1568年）五月，张居正又调用谭纶的老搭档抗倭名将戚继光总理蓟州、昌平、保定三镇的练兵事务，各路总兵统由其统辖，这在明朝军队史上是一个创举。因为戚继光被任命为总理，这就在三镇总兵以外，又增设一职，与原有体制不合；加上戚继光是南方军人，以水战见长，一般舆论认为水军不习陆战，纷纷加以抵制，因此这一职务被总兵们议为是"赘疣"。但种种议论都不能动摇张居正调用戚继光的决心，在他看来这是"弊在人心不一，论议繁多，将令不行，士气难作"，断然以特旨的名

---

① 《张太岳集》中，书牍，卷1，《与蓟辽总督谭二华》，第8页。

义任命戚继光为蓟州镇总理练兵事务兼镇守，这既保留了戚继光总理练兵事务的头衔和节制三镇总兵的大权，又让他拥有了直接管辖蓟州军务的权力。张居正还把工作做到细处，为了平息舆论，他请出素有威望的凌云翼出面说服众将领。正是因为张居正的决心和斡旋，才使得戚继光有机会在北方再展雄风，重铸辉煌。张居正力排众议，大破常规地任用谭纶与戚继光，从此改变了以文制武的传统军制。正是谭纶、戚继光皆有到北边练兵防务之缘，张居正也和他们建立了密切的关系。隆庆六年（1572 年），张居正当国，谭纶入为兵部尚书，直到万历五年（1577 年）四月病殁为止；戚继光镇守蓟州十六年，也直待张居正病殁以后，方才被调往广东。

为了激励守边将士的积极性，张居正大刀阔斧地改变赏不当功、罪不当罚的积弊，重奖有军功的将士。宣府总兵马芳在隆庆元年（1567 年），转战宣大、威宁、黑山，战功卓著，获得荫子千户及银币的赏赐，陕西延绥总兵赵苛，曾经防御失利，后戴罪立功，在塞外大战中杀敌三百余人，夺马一百多匹，官升至大同总兵，荫子正千户。这超常的奖励，遭到文官的抵制，连兵部都不敢做主。张居正愤怒地指出，不给以重赏谁肯冒死犯难？并执意破格奖赏有功将士。

重赏重罚是张居正军事思想的重要组成部分。他主张有功于国家的，即使千金重赏、通侯之印，概不吝予。一代名将李成梁，行伍出身，按明制不能担任镇守一方的大员，是张居正论功行赏，破格提拔，使他成为镇守辽东的主将。在这种思想的主导下，隆庆年间，奖励有功将士的记载史不绝书，大大激励了有为之士效命疆场，创建军功。

明初为抵御蒙古残部的南侵，从鸭绿江到嘉峪关建立了绵延万里的军事防御线，实行以攻为守的战略，甚有成效。明中叶后由于朝政腐败，边防废弛，这一战略事实上已告终结。对来犯者，明军疲于应付，一朝失利，惊惶失措，间有小胜即要冒险直捣虏巢，是战是防、是守是攻，没有一定之规。面对强虏，明军多次失利，防守无力又不敢更改祖训。政治上的腐败与懒惰，军事上的无能与虚弱，致使明朝在国防上处于非常被动的地位。张居正对此有正确的分析，提出以防御为主、争取主动的正确战略，由此实现了边境防务战略的真正的转变。

张居正认识到，强化防守的紧迫性，在九边之地尤以蓟门最为突出，这是国之堂奥，必须由辽东、宣府、蓟州三州统一行动步骤，形成坚固的防线，才能拒敌于国门之外。

进入万历年间，内阁首辅张居正视蓟门和辽东为边防中重中之重，他对李成梁的信任，也不比对戚继光的少。同时，他还说这两地任何一方遇到战事，另一方都可去支援，不用请示朝廷，两地总督、总兵决定即可。

张居正深知强兵之道在于狠抓落实军事防务设施与士兵的训练。对于谭纶、戚继光提出的增筑敌台、练兵以及军粮等要求，张居正都尽量给予了满足；对于言官以及官员们的非议，张居正也是尽量调和与维护。例如上面提到过的，戚继光北调，就有人提出反对意见，认为戚继光擅长水军与南方作战，北调是"人地不宜"。张居正则极力调护，他说："戚之声名，虽著于南土，然观其才智，似亦非泥于一局而不知变者。且既已被镇守之命，有封疆之责，岂宜别有注画乎？今人方以此窥戚之衅，恐不知者又将以为口实也。公如爱戚，惟调适众情，消弭浮议，使之得少展布，即有裨于国家多矣。"[①]

谭纶出任蓟辽总督后，立即以练兵为要。他在上疏中说：

> 蓟昌卒不满十万而老弱居半，分属诸将，散二千里间，敌聚攻，我分守，众寡强弱不侔，故言者亟请练兵，然四难不去，兵终不可练。夫敌之长技在骑，非召募三万人勤习车战，不足以制敌，计三万人月饷五十四万，此一难也。燕赵之士锐气尽于防边，非募吴越习战卒万二千人杂教之，事必无成。臣与继光召之可立至，议者以为不可信，任之不专，此二难也。军事尚严，而燕赵士素骄，骤见军法，必大震骇，且去京师近，流言易生，徒令忠智之士掣肘废功，更酿他患，此三难也。我兵素未当敌，战而胜之，彼不心服，能再破乃终身创，而忌嫉易生，欲再举祸已先至，此四难也。以今之计，请调蓟镇、真定、大名、井陉，及督、抚标兵三万，分为三营，令总兵、参、游分将之，而授继光以总理练兵之职。春秋两防，三营兵各移近边，至则遏之边外，

① 《张太岳集》中，书牍，卷1，《答凌参政》，第16页。

入则决死边内，二者不效，臣无所逃罪。又练兵非旦夕可
期，今秋防已近，请速调浙兵三千，以济缓急，三年后边军
既练，遣还。[1]

张居正当然全力支持，同时他又派遣杭嘉参将胡守仁调
用三千浙兵到蓟镇进行示范。浙兵刚至蓟门列阵，适逢倾盆
大雨，他们从早到晚，任凭风吹雨打，"植立不动"。北军见
之大惊失色，无不折服，至此才知道军令之严厉。

戚继光接受蓟州的防务后，也根据实际情况提出建筑敌
台的动议，这项工程由于花费太大，遭到很多人的反对，但却
得到张居正的鼎力支持，认为这是设险阻、守要塞之良策，立
即予以批复。并致书谭纶，一再表明建筑敌台，设防固守，实
行以防御为主的战略主张。经过两年多的施工，从山海关西
到镇边（今昌平）的两千里防线上，修筑敌台一千余座，敌
台下驻军屯田，遇有敌情，以烽火为号，群起抗击。同时又
对原有的长城进行整修，加高、加厚城墙，沿线植树设险。
西自嘉峪关，东至山海关，绵延万里，崇墉密雉，有效地阻
止了敌人来犯。

鉴于军队的组织紊乱，军纪松懈，张居正也大力支持戚继
光整军练兵的活动，同意戚继光将蓟镇防区分设十二路，根
据蓟州的地理环境与作战的特点，建置车营七座，并配以骑

---

[1]　朱东润著：《张居正大传》，湖南人民出版社 2013 年版，第 77—78 页。

兵、步兵进行混合训练，以积累不同兵种协同作战的经验。

经过训练整顿，长期以来守边将士所积下的那种"因循息玩，姑务偷安"①的恶习得到改变。隆庆二年（1568年），明军与蒙古朵颐部初次交手，大败酋长董忽里，一时军威大振。此后，凭借敌台天险与提高士兵战斗力的训练，明军在北方边境建立了一条坚固的防线。张居正的整饬边备、外抗强敌的思想，在隆庆、万历年间初步得到了实现。

二、封贡通市　改善蒙汉关系

隆庆四年（1570年），与明朝长期为敌的鞑靼发生内乱，其原因是俺答祖孙为争夺一个女人三娘子。三娘子本是俺答孙子把汉那吉的妻子，贪图美色的俺答将这个孙媳据为己有，把汉那吉受不了此奇耻大辱，愤而投奔明朝。

把汉那吉是俺答的继承人，因此俺答要求明朝政府将其送回。

此事非同小可。

鞑靼多年侵犯边境，骚扰不息，已成为明朝边防的最大祸患，把汉那吉突然投诚，宣大总督王崇古、大同巡抚方逢时认为这是天赐良机，派出五百名骑兵欢迎把汉那吉。他们原

---

① 《张太岳集》上，奏疏，卷1，《陈六事疏》，第7页。

本只想将其作为战利品，交换嘉靖时投降鞑靼的汉人赵全、邱富，这两人是明军深恶痛绝的叛徒。

原来，俺答虽有剽悍的骑兵，但组织涣散，游踪不定。赵全、邱富投降后，运用中原的组织方法，帮助鞑靼在板升筑城堡、开水田，建立根据地，诱使沿边的汉人归附，把板升扩展成几万人的城镇，成为鞑靼骚扰中原的桥头堡。他们还多次出谋划策，引导鞑靼铁骑南下，烧杀抢掠，践踏明朝国土、民众。邱富战死后，赵全继续为虎作伥，明军必欲杀之而后快。把汉那吉的投诚，正好提供了交换汉奸的人质。

张居正得到消息后，立即致函王崇古，询问准确情况：

> 昨有人自云中来，言虏酋有孙率十余骑来降，不知的否？俺答之子见存者，独黄台吉一人耳，其孙岂即黄台吉之子耶？彼何故率尔来降？公何不以闻？若果有此，于边事大有关系，公宜审处之。望即密示，以信所闻。①

在得到王崇古的详实答复后，张居正深谋远虑，立刻做出了几种预案，这在他给王崇古的《答鉴川策俺答之始》《再答王鉴川策俺答》《与王鉴川言制俺酋贡事》《与王鉴川谋取板升制房》《与王鉴川计送归那吉事》《答王鉴川》《与王鉴川议坚封贡之事》《答王鉴川计贡市利害》等数封信函中有详

---

① 《张太岳集》中，书牍，卷2，《与抚院王鉴川访俺答为后来入贡之始》，第41页。

细的答案。张居正告诉王崇古，"此事关系至重，制虏之机，实在于此。往年桃松寨事，庙堂处置失宜，人笑之，至今齿冷。今日之事，又非昔比，不宜草草。"① 他要王崇古小心谨慎，"但闻老酋临边不抢，又不明言索取其孙。此必赵全等教之。诱吾边将而挑之以为质，伺吾间隙而掩其所不备。愿公戒励诸将，但并堡坚守，勿轻与战。即彼示弱见短，亦勿乘之。多行间谍以疑其心。或遣精骑出他道，捣其巢穴，使之野无所掠。不出十日，势将自遁，固不必以斩获为功也。"②

作为负责大明王朝全局的内阁首辅，张居正当然要比别人看得远些。他并未将此事限制在军事得失上，而是从政治全局的高度考虑问题，希望利用俺答要还孙子这一大好机会，实现"朝廷纳降和戎"③战略，促成封贡通市，实现汉蒙关系的改善。

张居正认为，若对方真心投诚，那就以礼相待，厚加赏赐；如果俺答要还孙子，并表示不再进犯，可以结盟，封爵朝贡；俺答若背盟，再兴问罪之师，胜算在我；如果未见交换赵全的诚心，也可遣归把汉那吉，以示怀柔。俺答若没有和解的诚心，即使交还赵全，也可来年再犯边境，所以问题不在是否交换人质，而在于有没有和解的诚意。

① 《张太岳集》中，书牍，卷2，《答鉴川策俺答之始》，第41页。
② 《张太岳集》中，书牍，卷2，《再答王鉴川策俺答》，第43页。
③ 《张太岳集》中，书牍，卷2《与王鉴川言制俺酋款贡事》，第43页。

　　张居正提醒王崇古，"今日之事幸而成，即可以纾数年边患，其所省岂直数十百万而已哉？而又何惜于目前之少费哉！"①

　　上述设想的提出，说明张居正处事的精细和谨慎。他提醒王崇古对于各种可能性都要有所准备，以防患于未然。待情况稍有明朗，俺答决定以赵全换回把汉那吉，张居正及时做出正确判断，认为这是难得的机遇，决定答应俺答的要求，以期全面实现明王朝与蒙古鞑靼争端的和解以及北方边务的和平。

　　但是，一些大臣因为十三年前桃松寨事件，怕上当受骗，不再相信俺答交换人质的诺言。事情发生在嘉靖三十六年（1557年），俺答之子辛爱的小妾桃松寨因与人通奸事发，为逃避惩罚，投降了明朝。辛爱得知后，佯装以赵全、邱富交换，骗取总督杨顺放回桃松寨。桃松寨随即被辛爱所杀，汉奸也未交还明朝。把汉那吉的来降很容易使人联想到桃松寨事件，因担心再次上当受骗，官员们反对接纳把汉那吉。在俺答派出大兵压阵、强行索要把汉那吉之际，朝臣们更是惊恐不安。张居正当机立断，力排众议，认为这次不同于桃松寨事件，不仅不必为之担心，反而是可利用的大好时机，他在给王崇古的信中做了详细、具体的布置。他告诉王崇古：俺答兵临城下，索要其孙，这是对我方有利的事，我方可一面扼险守要，严阵以待；

　　① 《张太岳集》中，书牍，卷2，《与王鉴川言制俺酋款贡事》，第44页。

一面据理相告要求结盟，并让俺答杀掉赵全。

诚如张居正的估计，俺答最终答应了明朝政府提出的条件。

于是，王崇古让把汉那吉穿上汉人最尊贵的红袍玉带，与俺答相见，以示明朝政府的诚意。俺答本以为把汉那吉已被诛杀，却得到这意外的惊喜，从而打开了和解的大门。赵全眼见蒙汉和解的大势已不可阻挡，不得不为自己留了一条后路，投书方逢时表示悔过，回归中土。这又岂能为明军所容，于是将计就计随即把这封信转交给俺答，俺答见赵全反复无常，大为震怒，立即把赵全捆缚，送归明朝。

这样，张居正借"把汉那吉事件"，四两拨千斤，为北方边境和平奠定了基础。

接下来，张居正又开始为促成双方互市而努力。

在张居正看来，通贡互市才是真正绥靖北方边境的大机大略。他认为此事有五利：

> 虏既通贡，逻骑自稀，边鄙不耸，稽人成功，一利也。
>
> 防守有暇，可以修复屯田，蓄吾士马之力。岁无调援，可省行粮数十百万，二利也。
>
> 土蛮、吉能，每借俺答以为声势。俺酋既服，则二虏不敢轻动，东可以制土蛮，西可以服吉能，三利也。
>
> 赵全等既戮，板升众心已离。吾因与虏约，有愿还者，必勿阻之。彼既无勾引之利，而又知虏之不足恃，则数万之

众，皆可渐次招来，曹州之地可虚矣，四利也。

彼父子祖孙，情乖意阻，胡运将衰，其兆已见。老酋死，家族必分；不死，必有冒顿、呼韩之变。我得因其机而行吾之计，五利也。

凡此五利，皆古之谋臣策士所为祷祀而求者也。而今之议者，独以边将不得捣巢，家丁不得赶马，计私家之害，忘公室之利，遂失此机会，不为国家审图。故仆以为为此言者，不惟不忠，盖亦不智甚矣。①

长期以来，明王朝长城内外，分别居住的是农耕民族和游牧民族。两个民族之间时战时和，结下了数不清的恩恩怨怨。但是北方的马匹、牛羊、狍皮等土特产深受汉人的欢迎，而南边的盐米、机布、瓷器等日用品又为蒙族人所亟需。在和平时期，这些物资大都由官办，以朝贡和优赏的名义，互通有无。除了官办以外，在民间也有自发的交易，即使在战争期间，沿边的走私也难以切断。正因为如此，张居正认为战争的平息只是"制虏安边"的开始，发展贸易才是谋求长久和平之道。张居正授意王崇古出面向朝廷提出"封贡通市"的主张。

然而，要求实现封贡通市的主张却遭遇到保守势力的阻挠，"议者皆谓和戎示弱，开市启衅"②，巡按御史甚至弹劾方逢时通敌，议论纷纷。张居正痛斥这些飞短流长，在他与首辅

---

① 《张太岳集》中，书牍，卷2，《答王鉴川计贡市利害》，第48页。
② 《张太岳集》下，行实，《太师张文忠公行实》，第377页。

高拱的积极策划下，终于说动明穆宗，促成封贡通市的和议。

隆庆五年（1571年）辛未，俺答遣使奉表称臣，明神宗参照明成祖加封蒙古和宁、太平、贤义三王的成例，下诏封俺答为顺义王，赏赐大红蟒袍一套，其兄弟和儿子都得到了相应的官职。受封的鞑靼头领共有六十多人，遍及各个部落，凡是接受赐封的都表示臣服明朝，双方又约定岁贡的马匹数量和交换的物品，定时定点进行贸易。

隆庆和议揭开了蒙汉睦邻友好的新篇章。

明王朝沿长城设有九大防区——辽东、蓟镇、宣府、大同、山西、延绥、宁夏、固原、甘肃，这九边之地也是各民族互市贸易之所，其中尤以宣府、大同、山西三镇最重要，由于交换物品中以马为主，所以又称马市，时开时罢，多为官办。隆庆和议后民间贸易扩大，有官市、私市、民市，大市、月市、小市等各种类型、不同性质的集市，较之和议以前市易范围日益扩大。以各种生产、生活用品为交易主体的民市，已远远超出官办马市的规模，并逐渐取代官市。所经营的品种也从富家的奢侈品向民众日用品转化，边境线内外的商民随时可以入市买卖。开市三年，至万历二年（1574年）在张家口、得胜堡和永泉营集市上，官市交易的战马有七千六百九十匹，而在民间交易的牲畜多达两万多头，是官市的三倍。民市的发展壮大，贸易的兴旺，吸引了南方商贾纷纷北上。南北物资的交流，促进了塞外的经济发展，边境上出现了物阜民安、贸易不绝的和平景象。

　　据史料记载，自从明王朝与俺答封贡通市以后，"东自四海冶，西尽甘州，延衮五千余里，无烽火警。行人不持弓矢，近疆水陆屯田，悉垦治如内地。墩台哨望之卒，渐已彻去，所省饷，岁不下数十万石。北地精锐所易马至数十万匹。盖居庸以西，天子无所忧事事。得以一意备东虏矣。"①

　　北方边境的安定，也节省了大量的军费开支。"计三镇岁费二十七万，较之乡时户部客饷七十余万，太仆马价十数万，十才二三耳。"②随着边患的消弭，边疆田野得以开辟，商贾往来频繁，边境地区的居民得以安居乐业，一时出现了"两镇边垣屹有成绩，官民城堡次第兴修，客饷日积于仓廒，禾稼岁登于田野"③的升平景象。这种成就的取得，与张居正正确的边防外交政策有着很大的关系。

　　到万历年间，北方防务的重点，已经转到对辽东新兴女真族的防御上面。张居正以李成梁等镇守辽东，成为明王朝在东北的钢铁长城。边防问题的解决，既是张居正新政内容的一部分，又是张居正政治经济改革的重要基础。从这个意义上看，张居正的成功，应该是其政治家的能力、眼光、性格、襟怀、行事方式及施政环境良好等综合发挥的结果。

---

①　《张太岳集》下，行实，《太师张文忠公行实》，第377页。
②　《明史》卷222，《方逢时》，第5846页。
③　《明神宗实录》卷79，万历六年九月甲戌。

结　语　张居正治国论

张居正执政期间，面对明王朝出现的财政困难、吏治腐败、边备松弛等状况，以其缜密而又远见卓识的为政谋略和果敢魄力，在政治、经济、军事等方面用强硬的手段、大刀阔斧地拨乱反正，力图改变颓势。通过其强有力的改革，暂时解决了明王朝积重难返的一系列老大难问题，对于缓和阶级矛盾、稳定社会秩序不无益处。张居正的改革，就那个时代看，是成功的、改革的内容不仅富有特色，也在一定程度上达到了富国强兵的目的，暂时缓解了明王朝的统治危机。

一、政治改革：以整饬吏治为核心

明王朝在立国二百年后，正面临着一场严峻的统治危机。张居正将此概括为五大弊症："曰宗室骄恣，曰庶官宿旷，曰吏治因循，曰边备未修，曰财用大匮。"①

张居正改革的目的，在于"集权、富国、强兵"。面对明朝中期积重难返的一系列社会问题，张居正辅政后，果断选择了变法维新之路，他首先从整饬吏治、裁汰冗员入手，拉开了明王朝刷新政治的新政序幕。

历史经验证明，凡属真正卓有成效的社会改革运动，如果没有相应的吏治改革，结果往往都是中途而废的无法奏效。

张居正在政治方面的改革是以整顿吏治为重点，目的是"尊主权、课吏职、信赏罚、一号令"，其实质是加强中央集权，提高朝廷办事效率，以改变明王朝长期积存下来的文恬武嬉、政务懈怠的不正常现象。具体做法是建立了一套完善的"考成法"。由六部监督各地督抚落实的情况，由六科监督六部，再由内阁监督六科，这样大权归于内阁。通过有效的层层监督，确保改革诸项举措落到实处。

隆庆二年（1568年）八月，张居正向朝廷上《陈六事疏》，列举"省议论、振纲纪、重诏令、核名实、固邦本、饬武备"六条治政要旨，揭开了他政治改革的帷幕。

所谓"省议论"，就是要坚决摒弃官场中空泛不实的虚妄风气，培植"敦本务实"之政。张居正说："学不究乎性命，不可以言学；道不兼乎经济，不可以利用。"②"为治不在多

---

① 《张太岳集》下，文集，卷9，《翰林院读书说》，第256页。
② 《张太岳集》下，文集，卷9，《翰林院读书说》，第258页。

言，顾力行何如耳"①。

所谓"振纲纪"，就是要"严明法纪"，杜绝迁就姑息之风。使"刑赏予夺一归之公道，而不必曲徇乎私情"，真正做到"法所当加，虽贵近不宥；事有所枉，虽疏贱必申"②。

所谓"重诏令"，就是旨在提高各级政府部门官吏的办事效能，做到令行禁止。张居正指出："天下之事，不难于立法，而难于法之必行；不难于听言，而难于言之必效。"③因此，他于万历元年（1573年）六月奏请皇帝，请实行"考成法"以匡纠吏风。张居正主张在"尊主权、课吏职、信赏罚、一号令"，"强公室、杜私门"的原则下，对各级官吏实施政绩核查考成，做到令行禁止。

所谓"核名实"，就是政府在使用人才，任用官员时，要做到"用人必考其终，授任必求其当"，只有这样，才能使人才脱颖而出，使各级官吏任其能，尽其责，名副其实。在官吏的使用和管理上，张居正提出了"立贤无方，唯才是用"的用人原则。他在位期间，先后任用了一大批卓有政绩的事业家、实干家。如他起用并委托当时有名的水利专家潘季驯督修黄河、筑堤塞决，使黄河水患变水利，数十年弃地转为耕桑，漕河可直抵京师。用户部尚书张学颜整顿财政，在丈

---

① 《张太岳集》上，奏疏，卷1，《陈六事疏》，第1页。
② 《张太岳集》上，奏疏，卷1，《陈六事疏》，第3页。
③ 《张太岳集》上，奏疏，卷3，《请稽查章奏随事考成以修实政疏》，第54页。

量土地和推行赋役制度改革上政绩赫然。任命抗倭名将戚继光镇守蓟门，骁将李成梁据成辽东，有效地扼制和抗击了边敌的侵扰。在大胆擢用新人的同时，张居正还大力整顿积弊已久的庸官冗员。他执政时，曾一再裁汰冗员。对敢于以身试法的官吏，不管其职位多高，一经发现，立刻绳之以法。对那些贻误国事，累害百姓，以虚谈贾誉，卖法养交的学政和并无真才实学而专以驰骛奔趋为良图，以剥窃渔猎为捷径的生员举子，张居正下令予以汰削。他坚决主张清除封建士大夫中的"刁泼无耻之徒"，以正士伍风气。他力主在士子阶层中倡导"著实讲求，躬行实践"的学风，废除群聚徒党，空谈无行之举。这些主张对于澄清当时政界、知识界中积习既久的空疏、虚妄之风，起到了巨大的导向作用，达到了一号令，万里之外，朝下而夕奉行，如疾雷迅风，无所不披靡的效果。

张居正在政治上的改革，对当时腐败的政治局面，无疑是吹进了一股清新之风气，对整个社会改革也产生了重要的推动作用。他在执政期间，能够较为顺利地推行其一系列社会改革计划并取得卓著的政绩，首先得力于他对吏治严肃而认真的整治。历史经验证明，凡属真正卓有成效的社会改革运动，如果没有相应的吏治改革，结果往往都是中途而废而无法奏效。

二、经济改革：清查田赋与实行一条鞭法

张居正改革，以"清巨室，利庶民"，想方设法增加国家财政收入，充实国库为原则。

在中国传统社会，封建国家的主要经济来源是赋役收入。明中期国家财政经济困境，正是由于赋税收入锐减所导致。而造成这一积弊的根本原因，便是承担国家赋税的田亩数量日削月减。史载："嘉靖八年霍韬奉命修会典，言："自洪武迄弘治百四十年，天下额田已减强半，而湖广、河南、广东失额尤多，非拨给于王府，则欺隐于猾民。"① 万历五年（1577年）十一月，张居正上奏请对全国户籍、田亩进行清丈。他委任户部尚书张学颜"撰《会计录》以勾稽出纳，又奏列《清丈条例》，厘两京、山东、陕西勋戚庄田，清溢额、脱漏、诡借诸弊"②。这一清丈活动后又全面推向全国，对勋戚庄田、民田、职田、屯田、荡地、牧地，悉数丈度，这一举措历时三年，至万历九年（1581年）结束。在张居正的全力推行下，清丈田亩的任务大部分按时完成。经过清丈，全国总计田亩数由弘治时的四百三十二万顷增至七百零一万顷。清丈后全国实有垦地五百零三点四万顷，比弘治十五年（1502年）的税田四百二十二点八万顷多出了八十点六万顷。这八十

---

① 《明史》卷77，《食货志一》，第1882页。
② 《明史》卷222，《张学颜传》，第5836页。

多万顷田地是被豪强地主所兼并隐匿。经过这次全国范围内的清丈田亩后，"豪猾不得隐期，里甲免赔累，而小民无虚粮"①，百姓的负担因此而大大减轻。不过，清丈一事对那些自置田土、隐而不报、拒纳赋税的公侯勋戚们来说，自然不是一件令人愉快的事情。清丈之议，在小民实被其惠，而于官豪之家则殊为未便，张居正本人自然晓知其风险利弊，但要增加政府财政收入，而又不加重民众赋税之苦，只有触动这些贵族们的某些特权和既得利益。阳武侯长期对公田之外自置的私田拒不纳赋税。清丈中，他又横生枝节，加以搪塞。对此，张居正毫不退缩。他明确指出："清丈之议，在小民实被其惠；而于官豪之家，殊为未便。"②张居正的清丈之举自然要激起某些达官贵人的怨恨和诋毁。张居正对此坦然置之。他坚定地表示："得失毁誉关头，若打不破，天下事无一可为者。愿吾贤勉之而已。"③置个人得失于度外，表现了一个政治家本身该有的凛然正气。这次清丈田亩的目的，在于从整顿土地、户口实数入手，抑制土地兼并和人口流失现象，使赋役均平，为其后顺利地推行一条鞭法奠定了基础。

张居正在经济上的改革，除了清查田赋整顿税收外，还以实行一条鞭法而著称后世。

所谓一条鞭法，是以"强公门，杜私门"，增加国家财政

---

① 李询：《明史食货志校注》，中华书局1982年版，第132页。
② 《张太岳集》中，书牍，卷13，《答山东巡抚何来山》，第292页。
③ 《张太岳集》中，书牍，卷12，《南学院李公言得失毁誉》，第276页。

收入为目的。其核心内容就是简化税制，改进以往繁冗杂乱的徭役制度，将徭役与田赋合而为一。其具体内容是先将所征调的赋和役分别归并，再将扰民最烈的徭役并入田赋内；原来十年一轮的里甲制度改为每年编派一次。赋役普遍用银折纳；征收起解运送，由百姓自理改为官府办理；赋税外的"土贡"和杂税也合并征收。

一条鞭法的优点在于，它能在赋税征调方法上化繁为简，统归为一。原来的赋和役是分而为二的。赋以田亩为对象，征收夏税秋粮；役则以户丁为对象，分里甲（以户计征）、均徭（以丁计调）、什泛（临时抽派）三等差役。现在则统一为量地计丁，使"役归于地，计亩征收"，即以田亩作为征调依据。此外，一条鞭法又将原来力役与银役两种差役改为一律征银，力役改为雇役，役户只要缴纳一定银两，便可免除役劳，而由官府雇人代役。役粮按人丁数和田粮情况规定缴纳，丁役部分摊入土地征收。对田赋之外政府额外加派实物、土贡品，也一并加以简化。万历四年（1576 年），在浙江、江西、福建试行的基础上，张居正又奏请将一条鞭法推行到湖广实施。万历九年（1581 年），又诏旨通行全国，一条鞭法遂成通行法制。

一条鞭法的推行，在一定程度上对原来赋役不均的弊病有所匡纠，使原来沉重的财政负担，部分地从农民身上转到了大土地所有者身上。因为在当时的封建土地制度下，土地大多为地主所占有，户丁则多数为农民劳动者，户丁税的一部分赋役摊入土地，加之经过普遍丈量田亩，查出了大量私瞒土地，这就使承担赋税的范围面扩大，赋税压力也相对趋向均平。其次，这一改革措施也较为有效地限制了地方官吏无节度地借繁杂征调之名对百姓进行苛求和勒索，改变删并了一些繁冗的征收项目，这就在一定程度上对社会生产力起到了积极的推动作用。再次，一条鞭法以银役代替力役，这客观上使封建依附关系有了某些松动，有利于农民的自由流动和工商业的发展，对于资本主义萌芽，具有一定的推动作用。最后，一条鞭法计亩征银，折办于官，在田赋征收上，除苏、松、杭、嘉、湖一带仍征实物以供皇室官僚食用外，其余一律改为折色银。这在中国封建社会赋役制度史上，是具有划时代意义的重要转折和巨大进步。它标志着自汉以来，中国封建社会田赋制度，已由实物税阶段转入货币税阶段。这一变化，无疑反映了中国封建社会货币经济此时已有了长足的进步。同时，由于一条鞭法实施，也大大减轻了实物起解输送过程中，因漕运、贮存而造成的极大损耗，使"丁粮毕输入官"。这种赋役制度的改革，是中国封建田赋制度继唐代两税法之后又一重大的发展。一条鞭法措施推行不久，便一举扭转了财政多年积贫窘困的局面。至万历三年（1575 年），太仓积粟已达十三余万石，可支奉国家五六年之用。一条鞭法实行之后的万历十年（1582 年），更是"帑藏充盈，国最完富"①，乃

---

① 《明通鉴》卷 67，第 2394 页。

至"太仓粟可支十年，同寺（太仆寺）积金至四百余万"，[①]
确实达到了"犹得以用裁余数十百巨万，征伐四夷，治漕，可
谓至饶给矣"的良好效果。

三、军事改革：外示羁縻，内修战守

张居正在军事上的改革是以强兵固边为目的，主要是整
饬守备，加强边防，推行"外示羁縻，内修战守"的军事战
略方针。

张居正特别注重选好边将。他调任抗倭名将戚继光御守
蓟门，骁将李成梁镇守辽东，王崇古、方逢时戒备宣化、大
同，完善防务；同时，屯田理盐，厉兵秣马，足食足兵，以
备战守。张居正大力倡导在边境地区实施屯田制。他曾说：
"八事之中，屯政为要……足食乃足兵之本，如欲足食，则舍
屯种莫繇焉。诚使边政之地，万亩皆兴，三时不害，但令野
无旷土，毋与小民争利，则远方失业之人，皆将襁负而至，
家自为战，人自为守，不求兵而兵足矣。"[②] 这种屯田制既扩
大了耕地面积，又可使边民解决衣食之忧，增其卫家护土之
心，解决兵源兵饷以固边，真可谓一举数得。经过张居正军

---

① 《明史纪事本末》卷 61，《江陵柄权》，第 958 页。
② 《张太岳集》中，书牍，卷 3，《答蓟镇总督王鉴川言边屯》，第 65 页。

事上的改革，在东起山海关西至嘉峪关的长城线上，加筑了三千余座瞭望台，边墙也在不同程度上得到修缮，这使得长期以来边防废弛、有边无防的状况得到彻底改观。在边防军事策略上，张居正对鞑靼采取了分而治之的政策，意在削弱其锋锐，以减轻边患的压力。这种威德并举、"待之以信，谕之以理"的治边政策，后来证明是有成效的。

四、结　论

张居正执政期间，振纪纲，重诏令，核名实，课吏职，抑豪强，固民本，禁私学，抑异说，加强中央集权，他以其缜密而有远见卓识的谋略和果敢魄力，通过政治、经济、军事等方面的改革，暂时解决了明王朝积重难返的君主势衰、法度不行、政局失控、政事弛靡、财政窘迫、民生困苦等一系列老大难问题，对明代中期的政治、社会和历史作出了巨大贡献，使得"十年内海寓肃清、四夷詟服"①"中外乂安，海内殷阜，纪纲法度，莫不修明"②。张居正改革，是中国历史上少有的一次成功性的改革。它与商鞅变法、王安石变法一起，并列为中国古代历史上颇具有代表意义的三次革新运动。

---

① 《明神宗实录》卷125，万历十年六月丙午。
② 《明史纪事本末》卷61，《江陵柄权》，第958页。

附　录

一、主要参考书目

（清）张廷玉等撰：《明史》，中华书局 1974 年版。

（明）沈德符撰：《万历野获编》，中华书局 1989 年版。

（明）王世贞撰：《嘉靖以来首辅传》，中华书局 1991 年版。

（明）钱一本编纂：《万历邸钞》，江苏广陵古籍刻印社 1991 年版。

（清）夏燮撰：《明通鉴》，中华书局 2009 年版。

（清）谷应泰撰：《明史纪事本末》，中华书局 2018 年版。

（明）张居正著，张嗣修、张懋修等编撰：《张太岳集》，中国书店 2019 年版。

黄彰健校勘：《明世录》，中华书局 2016 年版。

南炳文、汤纲著：《明史》，上海人民出版社 2014 年版。

樊树志著：《万历传》，人民出版社 1993 年版。

朱东润著：《张居正大传》，湖南人民出版社 2013 年版。

刘志琴著：《大明首辅张居正》，商务印书馆国际有限公司 2014 年版。

陈梧桐、彭勇著：《明史十讲》，上海古籍出版社 2007 年版。

白钢主编，杜婉言、方志远著：《中国政治制度通史》（第九卷，明代），人民出版社 1996 年版。

梁启超等编著：《中国六大政治家》，中华书局 2014 年版。

钱穆著：《中国历代政治得失》，九州出版社 2015 年版。

二、张居正行政大事记

嘉靖二十六年（1547 年），23 岁

张居正中进士，选庶吉士，开始进入仕途。

嘉靖二十八年（1549 年），25 岁

张居正授翰林院编修。当时的进士多沉迷于谈诗著文，而张居正独蘙然不屑，他潜求国家典故与政务之要。在翰林院时，得到内阁诸老如徐阶等人的器重。同年，张居正上《论时政疏》，首陈明王朝政治所存在"血气壅阏"之一病，继指"臃肿痿痹"之五病。疏中直谏当时政治弊端五条，即宗室骄恣、庶官瘝旷、吏治因循、边备不修、财用大匮，系统阐述了他的改革政治的主张。

嘉靖三十三年（1554年），30岁

因对时政不满，张居正借口请假养病，离开京师回到故乡荆州江陵。休假三年中，他不忘国事，探访乡民疾苦，思考筹划补天术策。他深刻地认识到，要解除民众的痛苦，便得减轻百姓的负担，这更加强了他改革政治的愿望。

嘉靖三十六年（1557年），33岁

张居正回翰林院供职。这时他在苦闷思索中已渐趋成熟，在政治的风浪中不再追求激情和激进，而是模仿老师徐阶"内抱不群，外欲浑迹"的策略，韬光养晦，积攒力量，等待时机。

嘉靖四十一年（1562年），38岁

张居正以右春坊右谕德，为裕王朱载垕的侍讲读，"每进讲，必引经执义，广譬曲谕，词极剀切"，在裕邸期间，张居正深受裕王的器重，这成为他一生政治的转折点。

嘉靖四十五年（1566年），42岁

张居正进擢翰林院侍读学士，掌院事。严嵩倒台后，徐阶继任首辅。他和张居正共同起草世宗遗诏，纠正了明世宗时期的修斋建醮、大兴土木的弊端，为因冤案获罪的勤勉等朝臣恢复官职，受到了朝野上下的普遍赞赏。此年，明世宗殁，裕王即位，是为明穆宗。

隆庆元年（1567年），43岁

张居正以裕王旧臣的身份，放擢为吏部左侍郎兼文渊阁大学士，进入内阁，参与朝政。同年四月，又改任礼部尚书、

武英殿大学士。

隆庆二年（1568 年），44 岁

张居正加少保、太子太保。

此年，他上疏条陈六事：省议论、振纪纲、重诏令、核名实、固邦本、饬武备，皆朝廷大政。

隆庆四年（1570 年），46 岁

张居正加太子太傅、吏部尚书。

该年，俺答的孙子把汉那吉，携妻比吉和乳母的丈夫阿力哥共十几人请求内附，大同巡抚方逢时和宣大总督王崇古决策受降。张居正敏锐地认识到这是改善汉蒙关系的良机，力排众难，任命王崇古与掩答汗进行和谈，促成明政府与蒙古鞑靼的和解，最终达成了"隆庆和议"，比较彻底地解决长期存在的北方边务问题。

隆庆五年（1571 年），47 岁

俺答遣使奉表称臣，张居正推动朝廷采取一系列积极的措施，明穆宗诏封俺答为顺义王，并在沿边三镇开设马市，与鞑靼进行贸易。张居正整饬军备，巩固边防，"外示羁縻，内修战守"的边防新政战略基本上得到了实施。

隆庆六年（1572 年），48 岁

明穆宗病殁，年仅十岁的明神宗继位，张居正加少师兼太子太师，进《帝鉴图说》，将前史所载兴亡治乱之事，撮其善可为法者八十一事，恶可为戒者三十六事，每一事前绘为

一图，供万历皇帝参阅，用为特殊的帝皇教材。同年，张居正联合司礼监掌印太监冯保，以"专政擅权"之罪，排挤首辅高拱休致回籍，张居正成为内阁首辅，从此掌握明王朝国家大权达十年之久。

万历元年（1573年），49岁

七月，张居正上疏实行"考成法"，明确职责。他以六科控制六部，再以内阁控制六科。

十一月，张居正颁行"考成法"："凡六部、都察院遇各章奏或题奉明旨，或覆奉钦依，转行各衙门，俱先酌量道里远近，事情缓急，立定程限，置立文簿存照。仍另造文册二本，一送该科注销，一送内阁查考。其各抚、按官奉行事理，有稽迟延阁者，该部举之；各部、院注销文册，有容隐欺蔽者，科臣举之；六科缴本，其奏有容隐欺蔽者，臣等举之。如此，月有考，岁有稽，不惟使声必中实，事可责成，即建言立法者，亦虑其终之罔效，不敢不慎其始矣。致治之要，无逾于此。"

十二月，兵部尚书谭纶率先垂范，清理该部当年未完事件，订立完成期限，并编写清册二本，呈送兵科和内阁，以备稽查和注销。随后，各部陆续推行此法。

万历二年（1574年），50岁

正月，张居正遣兵调将平定西南夷都蛮之乱，凡越六月，悉平凌霄、九丝等寨，"擒斩俘获四千六百有奇，得酋王三十六人，拓地四百里，得武侯所遗铜鼓九十三而还。"

冬，居正又用张学颜、李成梁大败蒙古土蛮部的骚扰，取得"辽东大捷"。

万历三年（1575年），51岁

五月，张居正向明神宗进《请申旧章饬学政以振兴人才疏》，提出"禁私学，抑异说"的著名主张。他制定十八条规章，得到明神宗批准实行。主要内容：（1）今后各提学官督率教官、生儒，务将平日所习经书义理，著实讲求，躬行实践，以需他日之用，不许别创书院，群聚徒党，及号召他方游食无行之徒，空谈废业，因而启奔竞之门，开请托之路。（2）若有平日不务学业，嘱托公事，或捏造歌谣，兴灭词讼，及败伦伤化，过恶彰著者，体访得实，不必品其文艺，即行革退。（3）天下利病，诸人皆许直言，惟生员不许。（4）各省提学官，奉敕专督学校，不许借事枉道，奔趋抚按官，干求荐举。（5）该管地方，每年务要巡视考校一遍，不许移文代委。（6）今后岁考，务要严加校阅。如有荒疏庸耄，不堪作养者，即行黜退，不许姑息。有捏造流言，思逞报复者，访实挐问，照例问遣。（7）生员考试，不谙文理者，廪膳十年以上，发附近去处充吏；六年以上，发本处充吏。增广十年以上，发本处充吏；六年以上，罢黜为民。同年，张居正亦提出整顿驿递的方案，对勘合的发行、管理及驿站的使用章程等重新进行了规定。针对驿递扰民的状况，对驿递制度进行整顿，严格"勘合"发放制度。官员不是公事，则一律不能使用驿站。各地官员不许托故远行参谒，官员丁忧、给由、升转、改调、到任均不能使用驿站。

万历四年（1576 年），52 岁

七月，张居正向明神宗上《请择有司蠲逋赋以安民生疏》，建议将明年春季的例行考核官员与蠲逋赋以安民生结合起来。为改变拖欠税粮的状况，督责地方官把当年税粮完纳，规定地方官征赋试行不足九成者，一律处罚。

万历五年（1577 年），53 岁

在考成法的督责下，全国的钱粮数目，岁入达四百三十五万余两，比隆庆时每岁所入（含折色、钱粮及盐课、赃赎事例等项银两在内）二百五十余万两之数，增长了百分之七十四。财政收支相抵，尚结余八十五万余两，扭转了国家长期财政亏空、虚耗的状况。与此同时，张居正开始着手准备清查田地、户口事宜。

万历六年（1578 年），54 岁

张居正在福建首先试行清丈田地，推行平均赋税的"清丈田粮"政策，并由户部尚书张学颜主持清丈各府州县所有的庄田、民田、职田、屯田、荡地、牧地等一切生产用地。按照实际田亩分上、中、下三等纳税，从严惩办欺隐之罪，对于最狡猾的江南豪强，特别选派精悍的大吏督责，一定要做到详审细核。这为万里八年在全国大规模地丈量田亩奠定了基础。

万历七年（1579 年），55 岁

正月，张居正恶书院，请废之，凡毁六十四处。二月，遣官阅边防及各省违法科敛。三月，免淮、扬等府历年逋赋。诏征光禄寺银十万两。五月，苏、松大水，言者请停苏杭织造，后允减半。六月，核北京、南京、山东、陕西勋戚田赋，有逾额及隐占者按治。七月，赈苏松饥；旋罢苏杭织造。八月，以河患，免泗州等地田租。诏减征派，共减银一百三十万余两。十月，土蛮犯辽东，李成梁出塞大破之。是冬，修河工成，凡筑堤三百余里，又五万六千余丈，费银五十六万余两。

万历八年（1580 年），56 岁

张居正颁发清丈田粮八款：（1）清丈田粮以税粮是否漏失为前提，失者丈，全者免。（2）清丈工作由各布政司总管，分守兵备道分管，府州县专管本境。（3）区别官田、民田、屯田等类别，及上中下税粮科则，清丈时逐一查勘明白，使之不得诡混。（4）清丈后，恢复各类田地应征之税粮。（5）清丈中，有自首历年诡占及开垦未报者，免罪；首报不实者，连坐；豪右隐占者，发遣重处。万历八年，全国清丈出的田地为七百零一万三千九百七十六顷，比隆庆五年（1571 年）增加了二百三十三万六千零二十六顷。

万历九年（1581 年），57 岁

是岁，张居正请尽核天下徭赋及诸司冒滥冗费，豪猾以是怨之。

在继续通行丈量田地的同时，张居正规定，凡是功臣之家，除朝廷调拨赏赐的公田以外的田土，尽数报官，与庶民一样纳粮。谁有田谁交税，使得兼并者无利可图，明神宗在批发这一法令的同时，明确向全国各地下令："各抚按（巡抚、巡按）官悉心查核，着实奉行，毋得苟且了事，反滋劳扰。"在张居正强有力的推动下，从万历八年到万历十一年（1580—1583 年），清丈工作在全国各地陆续完成。

同年，张居正在全国范围内实行一条鞭法。"一条鞭法者，总括一州县之赋役，量地计丁，丁粮毕输于官。一岁之役，官为佥募。力差，则计其工食之费，量为增减；银差，则计其交纳之费，加以增耗。凡额办、派办、京库岁需与存留、供亿诸费，以及土贡方物，悉并为一条，皆计亩征银，折办于官。"一条鞭法是中国田赋制度史上继唐代两税法之后的又一次重大改革。它简化了赋役的项目和征收手续，使赋役合一，并出现了"摊丁入亩"的趋势。后来清代的地丁合一制度就是清朝统治者对一条鞭法扬弃的结果。

万历十年（1582 年），58 岁

二月，张居正扶病上疏，请求废除深为民害的带征钱粮陋习，请求免除自隆庆元年（1567 年）至万历七年（1579 年）间各省积欠钱粮，得准后颁行全国。随着清丈田粮的完成和一条鞭法的全面推行，明王朝的财政状况进一步好转，太仆寺存银多达四百万两，加上太仓存银，总数约达七八百万两。太仓的存粮也可支十年之用。

六月二十日，张居正病逝，享年58岁。赠上柱国，谥文忠。

万历十一年至十二年（1583—1584年），明神宗"疑居正多蓄，益心艳之"，借言官御史的弹劾，严旨查办张居正，抄其家产没入国库，张居正新政从此中断，万历政治"由治入乱"的格局渐次形成。此后，明朝政治迅速江河日下，张居正想用自己的努力来挽救明王朝颓势的愿望终究落空。六十余年后，清军入关，明朝灭亡。